Doro May

Alles außer planmäßig

Doro May

Alles außer planmäßig

Die Deutsche Bibliothek verzeichnet diese Publikation in der Deutschen Nationalbibliografie; detaillierte bibliografische Daten sind im Internet über www.d-nb.de abrufbar

Umschlaggestaltung: spoon design, Olaf Johannson
Umschlagabbildungen: privat; Lepusinensis/Shutterstock.com
Satz: Neufeld Verlag
Herstellung: CPI – Clausen & Bosse, Birkstraße 10, 25917 Leck

ISBN 978-3-86256-167-4, Bestell-Nummer 590 167

www.neufeld-verlag.de

Bleiben Sie auf dem Laufenden:
newsletter.neufeld-verlag.de
www.**facebook**.com/NeufeldVerlag
www.neufeld-verlag.de/**blog**

NEUFELD VERLAG

INHALT

WARUM DIESES BUCH SO HEISST

Zum ersten Mal in meinem Leben habe ich einen Titel, nun, nicht wirklich geklaut. Aber ein bemerkenswerter Film aus Frankreich inspirierte mich. Er heißt: *Alles außer gewöhnlich.* Darin geht es um die Arbeit mit Menschen im Autismus-Spektrum. Aufgrund ihrer schweren Beeinträchtigungen fallen sie bei der Suche nach einem geeigneten Wohnheim durchs Raster. Konkret bedeutet das: Für sie ist keine Bleibe zu finden, denn es gibt keine Einrichtung, die sie aufnehmen kann oder will. Ihre Betreuung ist extrem anstrengend, zeitintensiv und medizinisch aufwendig.

Die Menschen, um die es in diesem Film geht, sind außer Rand und Band – und das ganz wörtlich. Und wenn es doch keinen anderen Ausweg als eine Klinik gibt, in der man sie unterbringt, weil die Eltern (im Allgemeinen die Mütter) restlos überfordert sind, werden sie mit Medikamenten ruhiggestellt. Nicht zuletzt zu ihrem eigenen Schutz, weil sie nicht nur andere, sondern vor allem sich selbst gefährden.

Eigentlich ein Schreckgespenst – jemanden *ruhig stellen.* Aber wenn man die Realität durch den authentischen Film miterlebt, hat man volles Verständnis. Die Menschen, um die es geht, sind Systemsprenger. Ohne entsprechende Medikation wären sie extrem schwer bzw. gar nicht zu bändigen, wären also noch personalintensiver, da selbst eine Eins-zu-eins-Betreuung nicht ausreicht, wenn sie „ausrasten“. Dass sie mit keinen Argumenten der Welt zu lenken sind, versteht sich von selbst.

So beschreibt man Tabu-Brecher. Und genau *das* sind sie.

Wie meine Tochter Tina. Sie hat das Down-Syndrom und ausgeprägte autistische Züge. In besagtem Film hätte sie eine tragende Rolle übernehmen können. Auch wenn sie bei weitem nicht so extrem agiert wie manch einer in den Dokumentarszenen.

Der Film beginnt damit, dass ein junges Mädchen durch die Pariser Innenstadt hetzt. In hohem Tempo rempelt sie haltlos Passanten an, dass diese ins Stolpern geraten. Vor Geschäften aufgestellte Außenwerbung rennt sie um. Scheinbar ohne Ziel läuft sie wie um ihr Leben, bis sie von zwei Männern eingefangen und zu Boden geworfen wird. Ein Mann drückt sie nieder und hält sie mit hohem Kraftaufwand fest. Nun kann sie nicht entkommen. Natürlich wehrt sie sich und schreit. Menschen bleiben stehen und beobachten das brutal wirkende Geschehen wie ein seltsames Schauspiel auf einer Freilichtbühne.

Mit beruhigenden Worten, aber notwendigerweise mit vollem körperlichem Einsatz, zwingen die Betreuer die Rasende in ein Auto. Dann nehmen sie rechts und links von ihr Platz. Nun sitzt sie sicher in der Mitte und kann nicht erneut ausbrechen. Allmählich wird sie ruhiger.

Dem Betrachter dieser Sequenz leuchtet nach dem ersten Schreck unmittelbar ein, dass es keine andere Möglichkeit gibt, das völlig aufgebrachte junge Mädchen zu stoppen und zu seiner eigenen Sicherheit zurück in den geschützten Raum der Einrichtung zu bugsieren, um die es hier geht. Genau genommen handelt es sich um Zwang, zu dem es keine Alternative gibt.

In meinem Inneren läuft folgender Film ab: An einem Sonntagmorgen im noch kühlen Frühjahr klingelt es gegen fünf Uhr an unserer Haustür. Dem Tiefschlaf entrissen, stehe ich auf und gehe die zwei Etagen hinunter, öffne verschlafen. Dort begreife ich kaum, was nicht sein kann, weil es nicht sein darf, aber doch Fakt ist: Ein Nachbar, in der einen Hand die Hundeleine mit seinem Dackel, hält an der anderen Hand Tina sehr fest. Sie steht da ohne einen einzigen Fetzen am Leib.

Splitterfasernackt hatte sich meine besondere Tochter hinaus geschlichen und war in Richtung Hauptstraße unterwegs gewesen, als Herr Schuster sie entdeckte.[1] Als Nachbar schätzte er die Lage realistisch ein und beschleunigte seinen Schritt, bis er Tina eingeholt hatte. Beherzt nahm er sie an die Hand, um sie zurückzubringen. Nicht auszudenken, wenn der Dackel nicht so früh am Morgen Gassi geführt worden wäre.

In dem Film *Alles außer gewöhnlich* trägt ein Junge – er ist kein Schauspieler und die Szene ist echt – wegen seines selbstverletzenden Verhaltens einen Helm. Er ist in einer Art Klinik untergebracht. Jedenfalls tragen alle dort Arbeitenden einen weißen Kittel, und man denkt als Betrachter unwillkürlich, Entschuldigung, an eine *Irrenanstalt.* Immer wieder schlägt der Junge heftig mit dem Kopf gegen eine Wand.

Ich kann die Filmszenen kaum ertragen, denn mein inneres Auge sieht Tina, wie sie sich schlägt, bis eins ihrer Ohren so stark angeschwollen ist, dass es operiert werden muss, wie bei Boxern mit denselben Symptomen: sogenannten Blumenkohlohren.

Der Junge in dem Film hält ein Stoffknäuel in der Hand, das er freiwillig niemals hergeben würde und von dem man nicht mehr erkennen kann, was es ursprünglich einmal gewesen ist. Womög-

---

1 Manche Namen in diesem Buch habe ich zum Schutz der Betreffenden geändert.

lich eine kleine Stoffpuppe. Tina sitzt vor der Waschmaschine und wartet, bis ihr ständiger Begleiter, ein sich allmählich auflösender Judogürtel, endlich zurück in ihren Händen ist. Derweil jammert sie kläglich vor sich hin, weil ihre Hände es gewohnt sind, sich mit genau diesem Teil zu beschäftigen – es auf- und wieder abzurollen, in die Stäbe des Treppengeländers einzufädeln, mit seiner Hilfe mit einer anderen Person buchstäblich anzubändeln. Selbstverständlich haben wir Ersatzjudogürtel angeschafft. Aber Tina lässt nur das abgewrackte Original gelten.

Eine Mutter bringt es in dem Film in etwa so auf den Punkt: Am Anfang sind sie süß; sie sind noch klein, lebhaft und niedlich – ähnlich wie Kinder ohne Autismus. In dem Alter kann man sie noch bändigen. Aber dann werden sie groß. Sie können vieles zerstören: die Einrichtung, alltägliche Dinge; das, was man im Allgemeinen unter Familienleben bucht – und sich selbst.

Genau *das* führt besagter Film vor: Die von Autismus Betroffenen verletzen sich – sie machen vor nichts und niemandem Halt, greifen ins Essen anderer Leute, werfen mit Sachen um sich. Mein innerer Film spult ab: Tina, die Geschirr und Gläser zerschmeißt, Spielzeug aus dem Fenster wirft, bis mein Mann verschließbare Griffe anbringt. Tina, die kleine Kinder wie Gegenstände behandelt und sie herum schubst; die sich von den Tellern anderer nimmt, was immer sie gerade selbst essen oder umher werfen mag.

Die verzweifelte Mutter ist, wie auch andere Personen im Film, am Ende ihrer Kräfte. Und liebt doch ihren Sohn. Ich sehe mich völlig fertig auf dem Sofa liegen, und ich weiß noch sehr genau, was ich damals manchmal dachte: Wenn ich gleich einschlafe und nicht mehr wach würde, wäre das nicht die schlechteste Lösung …

Wie gut, dass Tina für ihre Verhältnisse unglaublich viele Fortschritte gemacht hat. Heute habe ich solche schwermütigen Gedanken nicht mehr.

Der Film, in dem eben nicht nur mit Schauspielern, sondern mit wirklichen Autisten und zu resozialisierenden Jugendlichen gearbeitet wird, wirkt absolut authentisch. Angekündigt wird er folgendermaßen:

„Bei ihrer Arbeit mit autistischen jungen Menschen und ihren Betreuern vollbringen Bruno (Vincent Cassel) und Malik (Reda Kateb) tagtäglich kleine Wunder: Mit viel Engagement, Feingefühl und Humor gelingt es den beiden, aus vielen unterschiedlichen Persönlichkeiten eine Gemeinschaft zu formen, in der jeder Einzelne die Chance bekommt, über sich hinauszuwachsen.

In ihrem Herzensprojekt, der französischen Komödie *Alles außer gewöhnlich*, geben Eric Toledano und Olivier Nakache zwei Helden des Alltags eine Bühne, die unter Beweis stellen, dass jeder Einzelne von uns seinen Beitrag dazu leisten kann, unsere Gesellschaft menschlicher zu machen.“[2]

Die im Film gezeigten Menschen mit Behinderung finden tatsächlich einen schmalen Weg (vielleicht ist es sogar eher ein kaum sichtbarer Pfad), Kontakt mit anderen Menschen aufzunehmen – vorsichtig, ängstlich, verhalten. Der sich selbst verletzende Junge streichelt, nachdem er mehrfach zurückgezuckt ist, schließlich doch das Therapiepferd. Ein anderer wagt sich sogar auf den breiten Pferderücken.

Tina reitet seit vielen Jahren. Auf Fotos steht sie, damals erst zwölf Jahre alt, mit Kopf und Oberkörper an den dicken Bauch des Isländers gelehnt. Ganz still steht sie da und fühlt die Wärme des Tierkörpers. Später lernt sie, Willy zu füttern, zu putzen, Heu in eine Schubkarre zu wuchten und diese zu Willy zu schieben. Wie selbstverständlich steigt sie auf, um mit Rosi – der auf einem anderen Pferd sitzenden Reittherapeutin – in den Wald zu reiten.

Was war der Anlass zu diesem bemerkenswerten Film?

---

2 http://alles-ausser-gewoehnlich-derfilm.de/#/.

Einer der beiden Filmemacher, die vor den Dreharbeiten zwei Jahre lang die Arbeit zweier Vereine mit Menschen im Autismus-Spektrum beobachtet haben, sagt:

„Die Szenen des Films […] haben sich alle so in der Realität zugetragen. Wir haben darauf geachtet, dass wir in *Alles außer gewöhnlich* nicht nur Verständnis für die Autisten und ihre Pflegekräfte wecken, sondern auch für die Eltern, Ärzte, Gesundheitsfunktionäre und die IGAS [*Inspection Générale des Affaires Sociales*, das Sozialamt].“[3]

Als betroffene Mutter komme ich zu dem Schluss, dass es gar nicht hoch genug einzuschätzen ist, was den Filmemachern mit diesem Werk gelungen ist: Unsere außergewöhnlich anderen Kinder sind Hauptpersonen, die nicht nur verwaltet werden, für die nicht nur satt und sauber gilt, sondern für die man sich engagiert. Unsere Themen werden offen gelegt, nicht beschönigt, unsere Kinder nicht als abstrus dargestellt. Der Film begeht nicht den Fehler, kleine Kinder mit Behinderung in den Fokus zu stellen; Kinder, die niedlich sind, noch nicht besonders befremdlich und in der Hauptsache eigentlich nur eigenwillig und manchmal ungestüm wirken. Solche Film- und Fernsehszenen gibt es bereits zur Genüge. Wenn man gerade erst ein Kind mit Behinderung bekommen hat und den Schock verkraften muss, wirken sie beschwichtigend. Und das hat sicherlich auch seine Berechtigung.

Doch hier stehen unsere erwachsenen Kinder im Mittelpunkt. Und das im ganz positiven Sinn!

Gleichgültig, wie extrem ihre Außergewöhnlichkeit auch sein mag: Es gibt immer einen Weg, wie sie doch zu anderen Wesen – Mensch und Tier – finden können. Das zeigt der Film. Man braucht viel Geduld, Kraft und Optimismus. Und vor allem braucht man Fantasie, um genau *den* Pfad zu entdecken, der zu

3 Ebd.

Menschen im Autismus-Spektrum führt und den sie vielleicht eines Tages mit Hilfe einschlagen können: nämlich in die entgegengesetzte Richtung. Zu uns – ihren Betreuern, ihren Eltern, Geschwistern, Lehrern. Zu der Gesellschaft, in die sie gehören. Und damit ist gemeint: in unser aller Gesellschaft!

Für meine außergewöhnliche Tochter sind inzwischen zahlreiche Wege entdeckt worden. Wie gut, dass die Suche auch in Zukunft niemals aufgegeben wird, denn so mancher Weg hat sich als Sackgasse entpuppt. Jeder, der einen außergewöhnlich anderen Menschen kennt, wird verstehen, wovon die Rede ist: Man setzt mitunter große Hoffnungen in eine neue Idee, geht einem Hinweis nach, beginnt wieder einmal eine neue, meist zeitintensive Therapie, die unbedingt ausprobiert werden muss … Und steht am Ende doch wieder am Anfang.

KAPITEL 1

WIRKLICH NOCH EIN BUCH?

Eigentlich hielt ich mein Schreiben über Tina und die mit dem Thema Behinderung verbundenen Fragen nach zwei Büchern für beendet. Geburt bis Schulende, Wechsel in ein Wohnheim und eine Werkstatt. Mehr ist nicht. Dachte ich jedenfalls.

Ein gewaltiger Irrtum – denn es gibt reichlich Zündstoff und Erlebnisse, neue Erfahrungen und Begegnungen, seit 2016 *Das Leben ist schön, von einfach war nicht die Rede* erschienen ist, das zweite Tina-Buch. Allein das Corona-Virus hat durch die (überzogenen?) Anordnungen, auch und besonders für Menschen mit Behinderung, eine ganze Menge angerichtet. Und damit auch für uns – die Eltern!

Als ich mich immer öfter fragte: „Hast du *das* eigentlich in einem der beiden Bücher erzählt?", wurde mir klar, dass ich weder die haarsträubende Geschichte von dem leeren Tandem-Rücksitz beschrieben habe noch von Tinas Art, Löffel und Gabel konsequent quer in den Mund zu schieben, ohne ihn sich aufzureißen, erzählt habe. Auch ihre Vorliebe, die Dinge wichtig zu nehmen, die mich absolut nerven, und erst recht ihre – vorsichtig ausgedrückt – eigenwillige Art, ihren Vorstellungen Nachdruck zu verleihen, habe ich bisher noch nicht geschildert. Außerdem gibt es aktuelle Ärzte-Erfahrungen und als besonders einschneidende Erlebnisse, dass Tina zwei sexuelle Übergriffe hinter sich hat. Eine schwierige Angelegenheit, die intensive Gespräche nach sich zog und womit ich lange, sowohl emotional als auch in juristischer Hinsicht, zu tun hatte und vermutlich noch zu tun haben werde. Das Thema Inklusion treibt weiterhin seine Blüten. Vor allem für Eltern mit schulpflichtigen Kindern mit Behinderung ist es wichtig zu wissen, worauf man sich einlässt, wenn der Schulabschluss in greifbare Nähe rückt. Mittlerweile gibt es viele unerschrockene Eltern und Elterngruppen, die außerhalb der bekannten Einrichtungen für Menschen mit Behinderung spannende Wege einschlagen. Vielversprechende Wege, über die man Bescheid wissen sollte – schon deshalb, damit man sich über solche alternativen Einrichtungen für den eigenen Sohn, die eigene Tochter erkundigen kann.

Durch die beiden Tina-Bücher werde ich oft für Lesungen gebucht. Auf wirklich *jeder* Lesung habe ich spannende, interessante Erfahrungsberichte anderer Eltern und Betreuer gehört, habe vieles gelernt, von dem ich zuvor nichts gewusst hatte und das meinen Horizont enorm erweitert hat. Einiges davon möchte ich in diesem Buch weitergeben.

Ein weiterer Auslöser für diesen dritten Band: Immer wieder erhalte ich E-Mails, in denen jemand auf meine Tina-Berichterstattung reagiert. Er fühlt sich endlich verstanden, denn er erlebt mit seinem Kind sehr ähnliche Dinge, wie ich sie mit Tina erlebt habe. Auch ich fühle mich bestärkt, denn ich stehe nicht alleine da mit einer nach dem Gesetz erwachsenen Tochter, die zwar nicht mehr völlig unangepasst durchs Leben geht, aber nach wie vor recht eigenwillige Spielregeln aufstellt. Nun ist dem Schreiber der E-Mail endlich klar, nicht versagt zu haben, mit seinem scheinbaren Unvermögen, den von Behinderung betroffenen Nachwuchs soweit „hinzukriegen“, dass er sozialtauglich ist. Ich wiederum denke dann, dass Tina vielleicht durchaus das Zeug zum Prototypen hat.

Als Beispiel sei Frau Walter genannt. Sie stammt aus meinem Wohnort und schrieb, sie würde sich sehr über ein Treffen freuen. Wir verabreden uns im Café Liège, einem Lieblingscafé von mir, weil es dort erstens gemütlich ist und zweitens eine Zitronentarte gibt, für die ich sterben könnte. Frau Walter ist etwa in meinem Alter, schick gekleidet und bei guter Figur. Sofort registriere ich: Auch sie lässt sich nicht gehen – bei allem Kummer mit ihrer Tochter. Wie meine heißt sie Christina, wird aber im Gegensatz zu Tina auch so genannt. Sie ist 41 und laut Frau Walter fast genauso drauf wie Tina. Die Dame ist unglaublich erfreut, dass sie sich in meinen Büchern wiederfindet. Zuerst macht mich ihre Dankbarkeit über die beiden Tina-Bücher ein wenig verlegen. Doch bald wird mir klar, wie sehr ich mich damals, als ich noch dabei war, in meine neue Rolle als Tina-Mutter hineinzuwachsen, gefreut hätte, mich und mein für andere unerklärliches Leben in einem Buch wiederzufinden. Auch ich hätte tief durchgeatmet und mein Inneres wäre erleichtert gewesen.

Dieses Buch bringt es auf den Punkt: Ich bin nicht allein. Es gibt etliche Kinder wie meins. Ich habe es bloß nicht gewusst. Und jetzt kann ich jedem, der mich nach meinem Kind fragt oder über mich und mein Leben den Kopf schüttelt, sagen: Lies mal! Da steht es! Dann weißt du, wie es mir geht und warum ich manchmal so fertig bin, dass ich noch nicht mal ans Telefon gehe. Dann siehst du schwarz auf weiß, dass es ein Riesenunterschied ist, ob man Stress hat wegen eines Kleinkinds oder wegen eines erwachsenen Kindes, das nicht erwachsen werden kann.

Ja, auch die unangenehmen Dinge stehen in den Tina-Büchern. Windeln wechseln ist eben etwas deutlich anderes bei einem Säugling, der auf dem Wickeltisch liegt und sich gut sauber machen lässt.

Wie in den beiden anderen Tina-Büchern geht es auch diesmal um Geschwisterkinder. Auch sie werden erwachsen – und manchmal denke ich als älter werdende Mutter darüber nach, ob sie in die Rolle des Betreuers hineinwachsen werden, wenn ich eines Tages nicht mehr dafür zur Verfügung stehe. Darf ich ihnen das überhaupt zumuten? Schließlich lebt Tina 80 Kilometer entfernt von meiner ältesten Tochter; zu ihrer kleinen großen Schwester sind es fast 600 Kilometer …

Tinas Weisheit ist eine andere als meine. Trotzdem hat sie mir eine Menge beigebracht. Ich ihr natürlich auch. Keine Ahnung, für wen von uns beiden das anstrengender und aufreibender war. Auch darum geht es auf den folgenden Seiten.

KAPITEL 2

DER 30. GEBURTSTAG

Heute ist der siebte März und Tina wird tatsächlich 30. Sie ist etwas über einen Meter 50 groß, einigermaßen zierlich und sieht etwa halb so alt aus. Sie ist gut zu Fuß und fährt leidenschaftlich gerne mit Papa Tandem.

Tinas 30. Geburtstag möchten wir zusammen mit ihrer Gruppe begehen, wo sie seit ihrem 19. Lebensjahr in einem Wohnheim des Landschaftsverbands Rheinland (LVR) lebt.

In Frohngau, einem winzigen Ort hinter Bad Münstereifel in der Voreifel Nordrhein-Westfalens, habe ich im Dorftreff reserviert – einer ehemaligen Schule, die heute ein Café plus Tante-Emma-Laden beherbergt. Ich habe eine Kaffeetafel für 20 Personen bestellt, mit allem Drum und Dran: Apfelkuchen, Käsetorte, Marmorkuchen, Kaffee, Apfelschorle, Limo und allem, was sonst noch für einen Kaffeeklatsch infrage kommt. Für Tinas Fest hat die Bedienung eigens die Tische aneinander geschoben und hübsch eingedeckt. Tischdecken, Servietten, Kerzen. Neben uns, Tinas Eltern und Tina, sitzen die große Schwester, die 17-jährige Nichte, die Reittherapeutin, die acht Mitbewohner der Wohngruppe, einige Betreuer und die Gruppenleitung.

Es wird ein richtig schönes Fest. Mit Geburtstagskerzen und natürlich mit Geschenken. Einen neuen Fahrradhelm gibt es, damit Tina weiterhin gut „behütet“ mit Papa Tandem fahren kann. Und von Tinas Reittherapeutin bekommt sie ein Shirt mit Willys Konterfei drauf. Auf dem Shirt wirkt das Pferd Willy deutlich schmaler, als es in Wirklichkeit ist.

Wie alle anderen auch isst Tina ordentlich mit Kuchengabel von einem Porzellanteller und trinkt aus einem ganz normalen Glas ihre Apfelschorle. Schon lange muss sie nichts mehr auskippen oder hinwerfen. Das scheppernde Geräusch berstenden Glases oder Geschirrs braucht sie nicht mehr. Sie hat unglaublich viel gelernt; auch Geduld, denn sie kann warten, bis alle sitzen und jeder ein Stück Kuchen auf dem Teller und etwas zu trinken hat. Nichts wird zerstört – abgesehen von dem Papier, mit dem wir das Geburtstagsgeschenk verpackt haben. Wir freuen uns, dass sie so gerne auspackt, wenn wir ihr etwas mitbringen. Buntes Papier mit Schleife – die Nachricht ist eindeutig: Ein Geschenk extra für sie!

Bereits an dieser Aufzählung wird deutlich, wie viele Wege gefunden werden konnten, damit Tina an einer Mahlzeit und sogar an einem Fest außerhalb geschützter Bereiche wie Wohnheim und ihrem Zuhause teilhaben kann. Viele Jahre lang hatten wir nicht mehr daran geglaubt, dass diese Art von Normalität jemals möglich sein würde. Wir haben gemerkt: Die *Hoffnung* darf man nicht aufgeben – sonst verpasst man womöglich zündende Ideen, neue Wege zu wagen.

Vor genau 30 Jahren brach meine Welt in Trümmer. Das hört sich dramatisch an – und so war es auch: dramatisch. Mittlerweile weiß ich, dass viele Eltern ein ähnliches Szenario mit ihrem neugeborenen Baby verkraften mussten. Statt der Frage, ob unser Baby auch so knallblaue Augen hat wie die große Schwester, stand wie für zahlreiche andere Mütter und Väter die Frage im Raum:

Wird mein Baby überleben? Und wenn ja: wie lange? Und um welchen Preis?

Verkabelt auf der Intensivstation für Säuglinge, brachte die Medizin des großen Klinikums Tina soweit, dass sie ihre Chance bekam. Während man dort um ihr kleines Leben kämpfte, lag ich nach dem neuerlichen Kaiserschnitt in einem anderen Krankenhaus. Nach dem vom Arzt geäußerten Verdacht, mit meinem Baby könnte etwas nicht so sein, wie es sollte, begriff ich zunächst nicht, was der Mann eigentlich meinte. Als das Wort *Behinderung* fiel, schüttelte ich den Kopf. Für Sekunden schloss ich die Augen. Wie ein Kind, das weg ist, weil es keiner sehen kann. Machte auf toten Apache, bis gleich Winnetou käme und alles gut würde. Karl May habe ich früher rauf- und runter gelesen. Doch es gab keine Entwarnung. Da brach es über mich herein: Schlaflosigkeit, Verzweiflung, selbstquälerische Gedanken, Erschöpfung.

Könnte Kummer doch töten!

Nach zehn Tagen, der üblichen Zeit nach einem Kaiserschnitt, verließ ich das Krankenhaus und kehrte mit der Tragetasche für mein Baby zurück nach Hause. Die Tasche war leer. Trotz zahlreicher Aufmunterungen durch Freunde und Bekannte buchte ich mein Dasein unter *gelaufen*. Vorbei mit meiner Fröhlichkeit, meinem Kinderstolz, meiner vordergründigen Klugheit, die ich ab jetzt als nutzloses Element einstufte.

Vorbei.

Vorbei..

Vorbei…

Natürlich saß ich damals in der Uniklinik an Tinas Wärmebettchen, zählte die Schläuche und Sonden an ihrem winzigen Körper, blickte fassungslos auf den Gipsklumpen, der die Sonde in der dünnen Kopfvene am Schädel stabilisierte. Stundenlang sah ich mein wie leblos daliegendes Baby an und konnte mir nicht vorstellen, dass dieses behinderte Frühchen mich jemals anblicken würde. Es war zu schwach, um zu leben, und medizinisch zu gut versorgt, um zu sterben. Mein Mann sortierte die Schläuche und Sonden dergestalt, dass er mir den Winzling in den Arm legen konnte. So spürte ich, dass der kleine Körper warm war, schnupperte an ihm und registrierte, dass das unmerklich atmende Kindchen ganz normal nach Säugling duftete, fühlte das Herzchen pochen. Auf eine Bewegung, und sei sie noch so zart, wartete ich lange vergebens.

Damals dachte ich darüber nach, wie man ein wenige Tage altes Baby beerdigt, wenn es sein kleines Leben ganz wörtlich ausgehaucht hat. Ob man dazu die ganze Familie einlädt? Wird es bei so einem Anlass eine Trauerrede geben? Bei diesen Gedanken rannen meine Tränen, wie sie wollten. Und ich verbrauchte jede Menge Taschentücher, was ich ab Tinas Geburt für einen Dauerzustand hielt, denn mein Kummer war grenzenlos.

Tina!

Jetzt sind wir beide schlauer und wissen, dass man Taschentücher braucht, weil man Schnupfen hat. Außer kalter Luft, Zwiebeln, Durchzug und Heuschnupfen gibt es nichts, weshalb wir heulen müssten. Jedenfalls nicht im Zusammenhang mit deinem So-Sein. Trotzdem hast du mein Leben in zwei Teile zerteilt: In einen vor und einen nach der Erkenntnis, dass du meinen Alltag komplett anders moderieren wirst, als ich mir das jemals hätte vorstellen können. Dass ich im Erwachsenenalter noch so viel lernen musste, stand wirklich nicht auf meiner To-do-Liste. Auch nicht, dass ich eines Tages ernst machte und mich der schreibenden Zunft verschrieb – ein Wunsch aus Kindertagen, den ich wegen dir umgesetzt habe.

Punkt für dich!

KAPITEL 3

MARLENES FACHARBEIT

Marlene ist die älteste Tochter meiner ältesten Tochter. Als ich dieses Buch schrieb, war Marlene in der Qualifikationsphase auf dem Gymnasium in der elften Jahrgangsstufe. Es war das Jahr eins vor Corona, als die Facharbeit anstand. Marlene entschied sich, sie in ihrem Lieblingsfach Biologie zu verfassen.

„Ist es euch recht, wenn ich über Tina schreibe?", fragte sie am Telefon. „Ja klar", antwortete ich. „Nach den vielen Lesungen kennt uns sowieso schon die halbe Nation", was natürlich heillos übertrieben war. Denn in der Hauptsache besuchen diejenigen meine Lesungen, die wie ich ein von Behinderung betroffenes Familienmitglied haben. Was irgendwann einmal in der Presse über meine Bücher und Lesungen gestanden hat, vergisst die Welt schnell wieder.

Die Bio-Lehrerin segnete Marlenes Themenvorschlag rasch ab; nicht ahnend, wie komplex und umfangreich die Facharbeit würde. Marlene plante nämlich ein Projekt über die Doppeldiagnose Down-Syndrom und Autismus. Allein das Down-Syndrom in seinen Facetten lässt sich kaum innerhalb des vorgegebenen Umfangs einer Facharbeit darstellen. Noch weniger lässt sich die Kombination aus Down-Syndrom und Autismus in die Vorschriften einer Facharbeit pressen. Na gut, würde ihre Arbeit halt ausführlicher als angeordnet, dachte sich Marlene und legte los.

Die Mutter ist Biologin, die Großmutter unter anderem Germanistin und Entwicklungspsychologin, Marlenes jüngste Tante Psychologin – wir waren alle mega gespannt auf die Facharbeit. Marlene entwarf ein Konzept, und die Familie durfte fachlich mitdiskutieren. Die Schülerin forschte, gestaltete und formulierte, was der Clan staunend zur Kenntnis nahm.

Warum erzähle ich Ihnen das alles? Weil die Sichtweise und das Verständnis junger Menschen in Bezug auf das Thema Behinderung so grundlegend sind. Denn sie werden eines Tages Entscheidungen treffen, wie unsere Gesellschaft mit Menschen mit Behinderung umgeht – ob zum Beispiel der Fokus auf Inklusion oder eher auf der Forschung zur Verhinderung von Föten mit Behinderung gelegt wird. Ganz konkret geht es ja immer darum, in welche Projekte man in Zukunft wie viel Geld investiert.

Ein zweiter Grund dafür, dass ich Marlenes Facharbeit hier vorstelle, liegt in der Besonderheit der Doppeldiagnose DS (Down-Syndrom) und ASS (Autismus-Spektrum-Störung). Für betroffene Eltern ist es überaus wichtig zu wissen, dass manche Fortschritte trotz Wahrnehmung aller angebotenen Fördermaßnahmen nicht etwa aufgrund des eigenen Unvermögens ausbleiben. Sondern der Grund dafür ist schlicht eine Mehrfachbehinderung, deren Erforschung lange auf sich warten ließ.

Marlene stellt völlig richtig fest: „Erst im fortgeschrittenen Grundschulalter meiner Tante erfolgte auf Basis des neuen Forschungsstandes die Diagnose der Kombination von Down-Syndrom und Autismus-Spektrum-Störung. Heute ist diese komorbide Variante [Begleitkrankheit – Anmerkung der Autorin] wissenschaftlich erfasst, wenn auch nicht derart erforscht, wie es bei den beiden einzelnen Behinderungen der Fall ist.“

Marlene schließt daraus, dass eine frühere und klare Diagnose der kombinierten Behinderung von Tina uns als Eltern viel Frustration und Selbstzweifel erspart hätte. Auch hätte sich die Suche nach passender Förderung und Betreuung wahrscheinlich nicht dermaßen komplex und schwierig gestaltet.

In ihrer Facharbeit zeigt Marlene zahlreiche Besonderheiten auf, die für die Doppeldiagnose DS und ASS typisch sind und die wir bei Tina schon früh beobachtet haben. Hierzu zählt die Neigung von Menschen mit Autismus, sich von ihrer Umwelt abzugrenzen, indem sie auf Kontaktversuche abweisend oder gar nicht reagieren. Erst durch Tinas Fable, etwa ab dem 15. Lebensjahr ihren Judogürtel auch zu Kommunikationszwecken einzusetzen, schafft sie auf ihre Art eine Kontaktaufnahme – ungewöhnlich, aber durchaus effektiv (vgl. Kapitel 11). Tina kontaktiert Mitmenschen, indem sie spontan an ihrer Haut schnuppert oder mit den Händen Kleidung oder Gesicht betastet. Besonders gerne berührt sie bei Männern das Kinn, wenn das Barthaar gerade sprießt und sich hart und borstig anfühlt. Ihr Nachahmungsverhalten ist zugleich wenig ausgeprägt, was besonders anlässlich Begrüßungs- oder Verabschiedungsritualen wie Blickkontakt, Handreichen, Winken deutlich wird.

„Weiterhin fällt es autistisch veranlagten Menschen schwer, die eigenen Gefühle zu erkennen und zu zeigen (vgl. www.onmeda.de)", schreibt Marlene. Die für Autisten typische Entwicklung von Stereotypen ist bei Tina deutlich ausgeprägt (Beschäftigung mit Judogürtel und Kullerbahn; siehe Kapitel 10). Auch die Ritualisierung von Abfolgen, zum Beispiel die immer gleichen Wege einzuschlagen, ist Tinas Ding, wenngleich sie in diesem Punkt große Fortschritte gemacht hat und inzwischen viel flexibler ist. Dies hat sich auch bezüglich unseres Wohnungswechsels und der damit verbundenen räumlichen Neugestaltung gezeigt (siehe Kapitel 13). Die Tina bekannten Möbel waren anders arrangiert, manches Teil war gar nicht mit umgezogen. Inzwischen muss sie auf solche Veränderungen nicht zwingend mit Angst oder Autoaggression reagieren.

Was allerdings schon früh bei Tina zu beobachten war, beschreibt Marlene im Folgenden: „Die meisten Autisten spielen ungern mit herkömmlichem Spielzeug. Hingegen interessieren sich vor allem frühkindliche Autisten intensiv für bestimmte Teilaspekte eines Spielzeuges (z. B. den Propeller eines Spielzeughelikopters oder das Klappern von Murmeln in einer Murmelbahn)." Vor allem Letzteres trifft auf Tinas Spiel mit der Murmelbahn zu (siehe Kapitel 10).

Das Down-Syndrom, auch Trisomie 21, wurde zum ersten Mal 1866 von dem britischen Arzt und Apotheker John Langdon Down beschrieben. Ein zusätzliches Chromosom führt zur Beeinträchtigung der körperlichen und geistigen Entwicklung, verursacht ein oftmals typisches Erscheinungsbild sowie manch typische Verhaltensweisen.

„Bis vor kurzem waren sich Forscher einig, dass es eine Kombination von Down-Syndrom und der Autismus-Spektrum-Störung nicht geben könne und somit eine genauere Diagnostik ungewöhnlicher Verhaltensweisen von Personen mit DS überflüssig sei (vgl. www.jeremyswelt.blogspot.com; www.melodycenter.ch). Heute weiß man, dass Menschen, die Down-Syndrom haben, auch einer psychiatrisch-bezogenen Symptomatik wie der Autismus-Spektrum-Störung unterliegen können."

Marlene hat außerdem herausgefunden, dass „die Wahrscheinlichkeit, an ASS zu leiden, höher ist, wenn man Down-Syndrom hat. Capone et al. errechnen 2005 für Personen mit DS sogar eine im Vergleich zur Normalbevölkerung 25-fach erhöhte Wahrscheinlichkeit, zusätzlich ASS auszuprägen."

Tina war 2005 bereits 16 Jahre alt. Bis zu diesem Zeitpunkt gab es keinen einzigen Hinweis auf den Zusammenhang von Down-Syndrom und Autismus-Spektrum-Störung. Als wir bereits in der Frühförderung, also vor ihrem sechsten Lebensjahr, den Verdacht äußerten, dass Tina ausgeprägte autistische Züge habe, wurde dies als völlig abwegig abgetan. Stattdessen vermutete man zunehmende Schwerhörigkeit, weil Tina zwar begann, einige Worte (Mama, Papa, Anna – so hieß ihre Puppe) zu sagen, jedoch bald wieder damit aufhörte. Auch heute findet man in der Fachliteratur zu Trisomie 21 nur wenige Hinweise auf besagte Doppelung. „Weiterhin erklären sie, dass bei Kindern (im Alter von zwei bis elf Jahren) mit Down-Syndrom viel häufiger ASS erkannt wird als in der gewöhnlichen Bevölkerung", schreibt Marlene. Insofern erscheint es logisch, dass es bis jetzt an umfassenden Dokumentationen der Entwicklung von Menschen mit dieser besonderen Doppeldiagnose fehlt. Allerdings ergaben bisherige Ergebnisse, dass sich das Verhalten von Menschen mit besagter Doppeldiagnose von Personen mit Einzeldiagnose abhebt. Es zeigten sich entweder völlig neue oder aus den Einzeldiagnosen bekannte Symptome in deutlich verstärkter Form.

„Merkmalsträger weisen Entwicklungsrückschritte auf, die besonders die Sprache und die sozialen Fähigkeiten betreffen, wodurch diese geringe Kommunikationsfähigkeiten zeigen (keine Sprache, kein Gebrauch von Gebärden etc.). Es sind außerdem selbstverletzende Verhaltensweisen, wie sich selbst am Kopf zu schlagen, und repetitive [sich wiederholende – Anmerkung der Autorin] Manierismen wie Zähneknirschen oder Schaukeln des Oberkörpers zu beobachten. Die Betroffenen geben ungewöhnliche Laute von sich und weisen ungewöhnliche Sensibilität für Reize in ihrem Umfeld auf (Starren auf Lichter, empfindliche Reaktionen auf bestimmte Geräusche). Weiterhin haben sie Probleme mit der Nahrungsaufnahme, weshalb sie bestimmte Nahrungsmittel vehement verweigern oder eine starke Vorliebe für ganz bestimmte Nahrungsmittel aufweisen. Die untersuchten Kinder zeigten auch übertriebene Angstzustände oder fehlende Angst und Vorsicht bei echten Gefahren, starkes Missfallen bei Änderungen in der direkten Umgebung sowie daraus resultierendes Unbehagen, Schlafprobleme und Hyperaktivität", fasst Marlene die Verhaltensweisen zusammen.

Als Fazit ihrer Facharbeit stellt sie fest, dass „im Falle der Kombination von DS und ASS das Ganze mehr als die Summe seiner Teile ist".

Anders ausgedrückt: Die Kombination von Down-Syndrom und Autismus-Spektrum-Störung ergibt keine doppelten, sondern vielfache Einschränkungen.

KAPITEL 4

ÜBERRASCHUNG: MENSCHEN MIT DOWN-SYNDROM SIND VERSCHIEDEN!

Hat jemand das Down-Syndrom, reagieren viele Mitmenschen häufig so: *Die sind ja so lieb. Das sind fröhliche Menschen.* Ihnen, liebe Leserinnen und Leser, fallen bestimmt weitere Sätze dieser Art ein. Meistens lächeln die Menschen bei ihren lieb gemeinten Äußerungen, wie man über ein Kind oder etwas Niedliches lächelt. Down-Syndrom wird traditionell ins Spektrum von Kleinkindhaftigkeit, Naivität, Arglosigkeit, Unbedarftheit eingeordnet.

Dabei sind weitere Beeinträchtigungen und gesundheitliche Probleme gar nicht so selten. Viele Menschen mit Down-Syndrom haben einen Herzfehler und müssen operiert werden. Manche neigen zu extremem Übergewicht, was spätestens im Erwachsenenalter nicht mehr niedlich wirkt. Viele haben motorische Schwierigkeiten. Einige sind hypoton (wenn Muskelstärke und Muskelspannung nicht so ausgeprägt sind) und unter Umständen kaum in der Lage, zu laufen. Auch werden relativ oft Seh- und/ oder Hörstörungen diagnostiziert.[4]

Und etwa fünf Prozent von ihnen entwickeln autistische Züge, wie Marlenes Facharbeit aufzeigt. Tina ist eine von diesen entscheidenden fünf Prozent.

Hieraus kann man ableiten, dass die bei Down-Syndrom typischerweise empfohlenen und angewandten Therapien nicht selbstredend von Erfolg gekrönt sind, weil sie in manchen Fällen wenig und zum Teil gar nicht wirken. Diesen Umstand habe ich bitter akzeptieren müssen, da es zum Zeitpunkt der frühkindlichen Fördermaßnahmen bei Tina noch keine Diagnose über den Doppelungseffekt gab. Logischerweise fehlten deshalb auch zündende Ideen, wie man sie adäquat hätte fördern können. So habe ich endlos viel Zeit verschwendet, weil ich in Sachen Fördermaßnahmen nichts auslassen wollte. Über Monate war ich drei- bis viermal die Woche in den unterschiedlichsten Therapien. Als Tina zwei Jahre alt war, mit Baby Sonja im Schlepptau. Und je weniger erfolgreich diese Therapien waren, umso intensiver und damit zeitaufwendiger habe ich genau diese Maßnahmen verfolgt: Ich dachte, Tina brauchte halt nur etwas mehr Zeit und Übung, dann würde das nächste Nahziel erreicht.

Im Bereich der Motorik hat das tatsächlich wunderbar funktioniert. Tina ist mobil und bewegt sich sicher und umsichtig. Aber sobald es um Kommunikation ging, wartete ich vergeblich auf etwas, das man unter Fortschritt hätte buchen können. Dabei waren wir bei einer sehr einfühlsamen und erfahrenen anthroposophischen Logopädin in einer wunderschön kindgerechten Praxis mit viel inspirierendem Waldorf-Spielzeug. Zumindest genoss die heranwachsende Sonja die wunderbaren Spielmöglich-

4 Vgl. z. B. https://www.gesundheit.gv.at/krankheiten/behinderung/down-syndrom.

keiten, die ihre frühkindliche Entwicklung nachhaltig prägten. Während Tina leider vergeblich im Behandlungszimmer dazu gebracht werden sollte, bestimmte Lautierungen nachzuahmen …

Logisch, dass wir mit den fehlenden Erfolgen so manche Frustration wegstecken mussten.

Auch die Förderschule für Menschen mit geistiger Behinderung hat im Grunde versagt. Zum Beispiel rückte man in den 90er Jahren den sogenannten Alpha-Talker in den Mittelpunkt der Kommunikationsförderung. Er galt als *die* Alternative für Menschen mit eingeschränkten Kommunikationsfähigkeiten; also für alle, die nicht verständlich lautieren konnten. Zigmal hat Tina das Gerät durch die Gegend geworfen. Noch heute bin ich dankbar, dass es keinem an den Kopf geflogen ist.

Erst als aufgrund eines bürokratischen Versehens der Schulbehörde eine Lehrerin für Kinder mit Hörschädigung an Tinas Grundschule kam und zufällig in ihrer Klasse eingesetzt wurde, änderte sich gefühlt *Alles*.

Tina blickte nicht mehr ausschließlich weg oder saß da, als seien all ihre Sinne nach innen gerichtet. Sie hob den Kopf und beobachtete die Gebärden der neuen Lehrerin, die – was für ein Glück! – aufgrund ihrer Ausbildung gar nicht anders konnte, als ihre Äußerungen mit *lautsprachunterstützenden Gebärden* (so die korrekte Bezeichnung dafür, wenn man Gebärden zum einfachen Grundwortschatz macht) zu untermalen. Die Macht der Gewohnheit, erklärte sie uns später, als sie fragte, ob es uns recht sei, wenn unsere Tochter lerne, zu gebärden. Erstaunt fragten wir, wieso einem das nicht recht sein könne. Die Pädagogin erklärte, dass das Gebärden nicht unbedingt Zustimmung bei den Eltern von Kindern, die nicht sprechen lernten, finden würde, worüber mein Mann und ich sehr erstaunt waren. Fast euphorisch baten wir darum, mit Tina so viel wie möglich auf diese Weise zu kommunizieren.

Schon bald reagierte Tina immer deutlicher auf Gebärden. Sie ahmte sie nach, zuerst nur ansatzweise, später eindeutiger. Sie begann, sie selbst einzusetzen – wenn auch häufig wie nebenbei. Auch heute muss man manches Mal ganz schön aufpassen, ihre Handzeichen überhaupt mitzubekommen.

Fazit: Die von der Schulbehörde aus Versehen an die „falsche" Schule versetzte Pädagogin setzte *die* Veränderung im kommunikativen Umgang mit Tina in Gang.

Heutzutage empfehle ich zum Beispiel bei meinen Lesungen, wo das Thema Sprachlosigkeit im Zusammenhang mit Behinderung häufig angesprochen wird, es mit Grundgebärden (wie ich es nenne) zu versuchen. Sowohl Kursangebote als auch Fachbücher helfen, diese logischen und intuitiv naheliegenden Gebärden relativ rasch zu lernen. Mit einiger Übung kann man Aussagen aus dem Grundwortschatz wie *Nach Hause, Essen, Trinken, An-/Ausziehen, Schlafengehen, Autofahren, Eis* usw. verständlich ausführen. Bei komplexeren Dingen wie *Waffel mit Vanilleeis, heißen Kirschen und Sahne* muss ich allerdings passen.

KAPITEL 5

TINA LÖWENHERZ

Irgendwann kann man den Zahnarztbesuch nicht länger hinausschieben. Das heißt in Tinas Fall: Vollnarkose, damit man überhaupt an ihre Zähne herankommt. Damit steht Tina bei weitem nicht alleine da, denn die meisten Menschen mit geistiger Behinderung verweigern jegliche Zahnbehandlung. Sie verstehen den Sinn nicht und buchen es unter „Schikane". Und vor „Schikane" hat man Angst. Eigentlich völlig logisch.

Wie oft hatte ich mit Tina den Auftakt zu „Zahnbehandlung" geübt: Wir besuchten einen im Umgang mit Leuten wie Tina geübten Zahnarzt, wenn das Wartezimmer leer war, Ruhe herrschte und alle kaputtbaren Dinge wie Vasen oder andere Deko-Gegenstände abgeräumt waren. Dann setzte ich mich auf den Behandlungsstuhl und machte es vor: Mund öffnen, der Arzt nahm den kleinen Mundspiegel und besah sich die Zähne, ich spülte den Mund aus und erhob mich wieder. Unsere Trainingsbesuche beim Zahnarzt gestalteten sich bereits ab dem zweiten Mal folgendermaßen: Tina hastete auf den Behandlungsstuhl, griff sich den diagnostischen Spiegel und steckte ihn kurz in den Mund, warf ihn durch den Raum, trank den Wasserbecher zum

Mundspülen leer, sprang auf und verließ den Raum. Im Zeitraffer hatte sie alles erledigt, was man ihr vorgemacht hatte.

Es bleibt also nur eine Behandlung unter Vollnarkose.

Schlimm genug, dass ich die zahnärztliche Behandlung so lange hinausgeschoben habe. Das beweist ganz einfach, wie sehr ich mich davor fürchte.

Leider hat sich unsere kompetente Zahnärztin der renommierten Aachener Klinik inzwischen davon gemacht. Sie arbeitet nun in einer Arztpraxis und hat keinen Anästhesisten mehr an ihrer Seite, der der von mir abgelenkten Tina beherzt eine flotte Spritze in den Oberschenkel haute, die dafür sorgte, dass meine Tochter ganz einfach fürchterlich müde wurde und sich freiwillig ablegte, um sogleich friedlich einzuschlafen. Karies hatte sie nicht, der Zahnstein wurde entfernt, und als Tina aufwachte, saß Mami an ihrem Bett und es gab etwas zu trinken. Es hatte nicht viel gefehlt und ich wäre dem Anästhesisten vor Glück um den Hals gefallen. Und weil meine Emotionen an der Oberkante standen, auch noch der Zahnärztin und überhaupt allen mich aufmunternd anlächelnden Krankenschwestern in der Nähe. Erleichterung kann dafür sorgen, dass man sich völlig neu definiert, zumindest zu einem gewissen Zeitpunkt und vermutlich in einem überschaubaren zeitlichen Rahmen.

Die Suche nach einer für Tina infrage kommenden Zahnbehandlung ist dennoch auch diesmal schon bald erfolgreich. Eine sehr nette junge Zahnärztin kommt eigens ins Wohnheim, um Tina kennenzulernen. Sie habe schon öfter Menschen mit Behinderung behandelt.

Tina ist so lieb und bändelt mit der netten Lady an: Sie reicht ihr ein Ende ihres Judogürtels und die Dame kapiert umgehend, dass sie mit Aufwickeln dran ist. Das Spiel läuft – ganz wörtlich –

und die Zahnärztin darf Tina sogar eine winzig kleine Sekunde lang in den Mund schauen.

Die nette Ärztin lässt sich buchstäblich einwickeln und sagt: „Ich will's gerne versuchen." Sie arbeite mit einem erfahrenen Anästhesisten zusammen (und ahnt nicht, dass hier der Hase im Pfeffer liegt). Der erste Schritt scheint immerhin geschafft. Juchhu!

Als Tinas Betreuerin im juristischen Sinn (was sich früher Vormund nannte) fahre ich also brav 80 Kilometer pro Strecke, damit mich der Narkosearzt in etwa dreieinhalb Minuten über das künftige Prozedere aufklären kann.

Ich schildere, wie Tina so drauf ist, wenn man sie narkotisieren möchte. Auf Diazepam, ein gängiges Beruhigungsmittel, reagiert sie kontraproduktiv, dreht also erstmal so richtig hoch. Eine Leitung in eine Vene kann man vergessen, weil sich Tina wehrt wie eine Raubkatze: blitzschnell entwischt sie, schreit, tritt und flutscht ihren Häschern aus den Fingern. Und wenn man nicht aufpasst, flüchtet sie aus dem Zimmer.

„Das klappt schon", will mich der ahnungslose Mensch beruhigen. „Und ansonsten nehmen wir die Maske." Himmel! Alleine das Näherkommen der Lachgasmaske wertet Tina als Angriff auf ihr kleines Leben und gibt alles, um sich zu wehren oder am besten zu fliehen.

Ich erzähle von der flotten Spritze in der renommierten Klinik und bringe den Anästhesie-Pass von vor sechs Jahren ins Spiel, den mir der wunderbare Anästhesist damals ausgestellt hatte. Mister Ahnungslos wirft kaum einen Blick darauf. Dafür wird mir ein Zettel, dass das Aufklärungsgespräch mit dem Anästhesisten stattgefunden hat, zur Unterschrift vorgelegt – inzwischen von der Sprechstundenhilfe, denn der Mann ist in einem der Behandlungsräume verschwunden.

Meine Bedenken erscheinen als dummes Geschwätz einer sachunkundigen Mutter der Marke *Helikopter*, also einer überfürsorglichen Mama, die ängstlich ihr Kind umkreist und sich bei jeder Gelegenheit exzessiv in sämtliche Angelegenheiten einmischt. Der Anästhesist wollte wohl so wirken, als habe er alles im Griff.

Na denn!, denke ich. Wieder einer dieser Spezialisten, die von wenig viel zu wissen glauben und in Wirklichkeit von nichts alles wissen! Du – in Gedanken duze ich ihn längst – hast keine Vorstellung davon, was auf dich zukommt!

Der Termin wird vereinbart. *Arme Tina*, denke ich betrübt, während ich das Ärztehaus verlasse. Das wird eine Hatz. *Aber es muss ja wohl leider sein, wenn du nicht eines Tages ohne Zähne dastehen willst. Und bis zu diesem zahnlosen Zeitpunkt musst du eben durch ein tiefes Tal des Leidens, weil du – selbst wenn du Schmerzen hättest – partout keinen Zahnarzt an dich heranlässt.*

Tina hat wohl geahnt, was ihr bevorstand. Jedenfalls legte sie sich termingerecht eine Ohrenentzündung zu, und die Zähne mussten erst einmal warten. Nach beinahe sechs Jahren Warterei kam es auf zwei Monate mehr oder weniger eh nicht an.

Trotz eitrigem Ausfluss war Tina gut gelaunt, schien offenbar keine Schmerzen zu verspüren. Aber weil man mit so einem Befund gefälligst Pein zu empfinden hat, verabreichte man ihr Ibuflam, ein gängiges Schmerzmittel. Tina hatte immer noch gute Laune. Ihren Körper schmückten aber nun rote Pünktchen und die Augenlider schwollen an. Der Notarzt wurde alarmiert, ich wurde alarmiert und gab meine Zustimmung, dass nun Kortison zum Einsatz komme. Da ich gerade auf einer netten Lesereise vom Westzipfel in den Ostzipfel der Republik unterwegs war, schickte ich die juristische Komponente als Tinas Betreuerin per E-Mail durch den Äther. Nach der Kortisongabe verabschiedeten sich die roten Flecken und Tina konnte wieder manierlich aus den Augen gucken. Nun war ein Antibiotikum dran und die roten Pusteln kehrten postwendend zurück. Der Notarzt kam ebenfalls zurück, was nun rasch vonstattenging, denn inzwischen kannte er den Weg. Tina war immer noch gut drauf, denn immerhin bekam sie Aufmerksamkeit satt. Doch jetzt verfiel der Arzt auf die Idee, dass Tina umgehend ins Krankenhaus müsste, bevor die Medikamentenallergie noch lebensbedrohlich würde. Rasch war der Unfallwagen zur Stelle, doch die Sanitäter hatten nicht mit Tinas Widerstand gerechnet. Wie ein waidwundes Tier kämpfte sie um ihr Leben und machte allen Beteiligten klar, dass sie einen Abtransport ins Krankenhaus nicht auf ihrem Plan hatte. Und zwar absolut nicht.

Die ratlosen Sanitäter eröffneten dem Wohnheim-Betreuer Bernd, dass sie nun leider die Polizei rufen müssten („Widerstand einer lebensbedrohlich erkrankten Person"). Das sei Vorschrift, und – also das täte ihnen jetzt wirklich leid – in solch einem Fall würde die betreffende Person in Handschellen abgeführt und zu ihrem Glück – genau genommen: zu ihrem Überleben gezwungen. Betreuer Bernd hat fünf Kinder großgezogen. Er ist ein erfahrener Vater, ein Mensch voller Empathie und mit Vernunft gesegnet: „Jetzt macht mal halblang! Wer sich dermaßen wehren kann wie Tina, wird nicht so schnell an ein paar Pusteln und geschwollenen Augenlidern sterben."

Die netten Jungs aus dem Transporter sahen das ein und verzichteten auf polizeiliche Hilfe. Tina beruhigte sich irgendwann wieder, fand zurück zu ihrer guten Laune und genoss erneut, dass sich alles um sie drehte. Das gefiel ihr so gut, dass sie ins Büro ging, das wegen der Telefonate ausnahmsweise offen war, und sich an dessen Umgestaltung machte. (Noch tagelang mussten Zettel, Unterlagen, Stifte und was es sonst so alles in einem Büro gibt, neu sortiert werden.)

Nach ein paar Tagen waren die Pusteln weg und die Augenlider nicht mehr geschwollen. Alles im grünen Bereich – so, als wäre nichts gewesen. Dann gab es einen neuerlichen Termin für die Zähne. Zum Glück lag er genau inmitten der Zeit, in der ich im Schnee steckte – weit weg und eins mit meinen Skiern in einer wunderbar weißen Welt. Ich konnte nämlich nicht noch einmal ertragen, was jetzt auf dem Plan stand und unausweichlich kommen würde.

Und da kam es! Von der lieben Petra, einer überaus beherzten Betreuerin aus dem Wohnheim, wurden wir angerufen. Ihr zitterten immer noch sämtliche Glieder. Vor Aufregung konnte sie kaum eine Tasse halten und das Handy fiel ihr fast aus der Hand.

Was war geschehen? Genau *das*, was eben geschieht, wenn man bei Tina *eine Leitung legen* will. Drei Leute haben Tina nicht festhalten können, denn sie entwickelt bei Panik (wie jedermann, dem es an den Kragen geht), ungeheure Kräfte und scheut keinerlei Tricks und Anstrengung, abzuhauen. Die Hatz um die Liege (in Tinas Augen vermutlich eher eine Bahre) dauerte an. Der Anästhesist erkannte die Chancenlosigkeit und legte die angedachte Leitung beiseite, um sich nun mit der Narkose-Maske an meine besondere Tochter heranzuwagen. Null Chance, bis sich besagte Petra ein Herz fasste, Tina mit vereinten Kräften in die Waagerechte befördert wurde, damit sich die Betreuerin auf sie legen konnte. Die Maske näherte sich, Tina wehrte sich weiterhin, aber diesmal verlor sie.

Die Zahnbehandlung konnte stattfinden. Mangels Karies wurde nur der reichlich vorhandene Zahnstein entfernt und ein wohl aufgrund eines Schlags toter Schneidezahn per Wurzelfüllung haltbar gemacht. Ich erinnere mich an die Wippe, von der Tina einst abgesprungen war, woraufhin sie den hochschwingenden Sitz unters Kinn bekommen hatte. Damals hatten wir nur auf die stark blutende Zunge geachtet, die Tina bei dem Aufprall mit ihren spitzen Zähnen perforiert hatte. Die Zunge war genäht worden – zu jener Zeit konnte man die noch deutlich schmächtigere Tina vergleichsweise leicht in Narkose versetzen. Sie hatte ja noch nicht auf dem Schirm, dass so eine Lachgas-Maske Gefahr für sie bedeuten würde.

So heftig das alles klingt: Ich bin trotzdem dankbar, dass die Zahn-Prozedur stattfinden konnte. Ich habe mich ausdrücklich bei Petra bedankt, dass man Tina wegen ihres Engagements hatte fixieren können. Nach dem Aufwachen wurde Tina geherzt und verwöhnt und alles war gut.

Sogar dem Anästhesisten bin ich dankbar, dass er konsequent das Ziel seiner Bemühungen verfolgt hat, bis Tina endlich schlief. Immerhin hatte ich vor Jahren schon einmal ein Ärztehaus – damals in Köln – aufgesucht. Nachdem ich den dortigen Zahnarzt über Tinas Verhalten aufgeklärt hatte, schickte mich der gestresste, überheblich wirkende Mann wieder weg mit den Worten: „Das tu ich mir nicht an."

Der neue Anästhesist aber hat nicht aufgegeben. Nun kennt er Tina und ich ahne, dass er in einigen Jahren durchaus wieder für eine Behandlung zu haben sein wird – dann sofort in gezieltem Nahkampf und gleich mit der Maske im Gepäck.

Ich weiß, es ist schrecklich. Aber ich weiß auch, dass es keine Alternative gibt. Es sei denn, Sie, liebe Leserin, lieber Leser, haben eine zündende Idee …

KAPITEL 6

INKLUSION

Über Facebook lernte ich Sabine kennen, die ebenfalls eine Tochter mit Down-Syndrom hat; allerdings ohne Autismus als Zugabe, wie es bei Tina der Fall ist. Diese Facebook-Freundin ist überaus engagiert, kompetent und hilfsbereit. So hat sie sich für dieses Buch intensiv mit einem eigens für sie konzipierten Fragebogen befasst und ihre Ideen, Erlebnisse und Kenntnisse aufgeschrieben. Schon an dieser Stelle ein herzliches Dankeschön an Sabine! Ihr Engagement erinnert mich an meinen Einsatz für „Integration", wie es vor 30 Jahren noch hieß. Ich war damals einem Verein namens „Gänseblümchen" beigetreten, der sich vehement für Durchlässigkeit zwischen regulärem Schulbetrieb und dem Förderschulbereich einsetzte. Allerdings hatte ich zu jener Zeit noch keine realistische Vorstellung davon, was Tina genau brauchte, um wirklich etwas lernen zu können.

Sabines Tochter heißt Caroline und war zu dem Zeitpunkt, als wir uns über Inklusion austauschten, 14 Jahre alt. Für Sabine war schon immer klar, dass Caroline eine ganz normale Regelschule besuchen sollte. Sie wurde Gründungsmitglied des Vereins „Pro inklusive Bildung e. V."

Sabine ist der Ansicht, dass in Deutschland mit wenigen Ausnahmen allenfalls *Integration* gelebt wird. Wahre *Inklusion* gehe nämlich deutlich anders. Sie würde *alle* Menschen betreffen, während sich bei Integration der zu Integrierende an ein bestehendes System anpassen muss. In den meisten Fällen landet er nach wie vor in einer Gruppe, einer Einrichtung für Menschen mit Behinderung.

Das betrachte ich ähnlich, sehe heute allerdings auch die Notwendigkeit von speziell auf Menschen mit Behinderung abgestimmten Einrichtungsmodalitäten. Klar, dass hier eine größere Vielfalt wünschenswert ist: Behinderung ist vielfältig. Außerdem bringt jeder Mensch seinen eigenen Charakter mit – gleichgültig, ob er ein Handicap hat oder nicht.

Caroline ist das erste Mädchen mit Down-Syndrom an der örtlichen Mittelschule ihres Wohnorts in Bayern. Auch dort findet nach Sabines Einschätzung allenfalls Integration statt.

Die Leute, die wie Sabine zwischen Integration und Inklusion unterscheiden, haben von der Sache her recht. Unser Schulsystem, unsere Arbeitswelt ist so konstruiert, dass man als Mensch mit einer Behinderung allenfalls im Rahmen der gegebenen Möglichkeiten – sowohl der eigenen als auch der schulischen – mitmachen kann. Ein Mensch mit Behinderung muss sich also in den meisten Fällen anpassen, während ein tatsächlich inklusives System sich dem jeweiligen Menschen, seinen Bedürfnissen, Talenten und Fähigkeiten anpassen würde. In der Geschäftswelt gäbe es bei echter Inklusion überall Tätigkeiten, die auch für Menschen mit den unterschiedlichsten Behinderungen infrage kämen. Für Schule würde es bedeuten, dass *alle* Schüler am Unterricht teilnehmen.

Geht nicht?

Zu schwierig?

Unvorstellbar? (Zumindest, wenn jemand von schweren mehrfachen Behinderungen betroffen ist?)

Ganz konkret frage ich: Hätte es eine solche Möglichkeit für meine besondere Tochter gegeben?

Könnte man Tina in irgendeiner Weise in eine Arbeitswelt inkludieren, die ihrerseits in den ersten Arbeitsmarkt mündet?

Meine Antwort, was Tina anbelangt, lautet: Nein. Und nun frage ich ganz grundsätzlich: Ist Inklusion überhaupt möglich?

Darauf wusste ich keine Antwort, bis ich auf Sabines Tipp hin den Film *Klassenleben* gesehen habe.[5] Diese Dokumentation wurde gedreht, bevor es den programmatischer Begriff *Inklusion* überhaupt gab.

Das Klassenleben ist geprägt von einer natürlichen Toleranz, wie es auch meine Enkelin Lilith zurzeit in der Grundschule erlebt. In Ihrer Klasse ist ein Kind mit Down-Syndrom und ein weiteres mit einer nicht näher definierten geistigen Behinderung. Lilith findet das kaum erwähnenswert. Allenfalls auf Nachfrage gibt sie diesbezüglich genauer Auskunft. Es ist Alltag für sie, dass Mitschüler unterschiedlich schnell und viel lernen und auch in ganz alltäglichen Dingen Hilfe benötigen. Dann hilft man halt. Alles kein Problem.

Doch dann sehe ich Menschen wie Tina, für die große Gruppen blanker Horror sind. Vor meinem inneren Auge setzt sie sich auf den Boden, senkt tief den Kopf, bis ihr Oberkörper fast auf den Knien liegt und wickelt ihren Judogürtel ab und auf, ab und auf. Sie mauert sich ein, sucht unter Umständen verzweifelt nach einem geschützten Raum. Konkret bedeutet das: wenige Menschen, immer dieselben Personen, feste Tagesabläufe, Überschaubarkeit auf allen Ebenen.

---

5 https://vimeo.com/ondemand/klassenleben.

Unsere Regelschulen können das in ihrer jetzigen Form nicht bieten.

Allein die grundsätzliche Notwendigkeit, mindestens zwei Lehrkräfte in einer Klasse mit maximal zehn bis zwölf Kindern einzusetzen, wird nicht einmal annähernd umgesetzt. Das wäre aber eine Voraussetzung für Inklusion.

Das Gegenteil ist der Fall. Wegen der oft zu großen Klassen werden Kinder häufig aussortiert und in Förderschulen untergebracht, weil sie in einer Klasse von 25 bis 30 Kindern zu auffällig und unterversorgt sind und erheblich stören. Da bleibt als einzige Lösung, solche Kinder in einen „Schonraum" abzuschieben, was mir im Hinblick auf ihre weitere Entwicklung gar nicht immer sinnvoll erscheint. Nicht überall findet man die notwendige Durchlässigkeit, die „Förderschiene" wieder zu verlassen, um beispielsweise später auf dem ersten Arbeitsmarkt unterzukommen.

Carolines Mathehefte sehen vorbildlich aus. Sie hat schon unglaublich viel gelernt und ist sehr selbständig. Seitdem sie elf ist, fährt sie alleine mit dem Linienbus zur Schule. Sie mag ihre Schule, liebt die anderen Kinder, die Lehrer und das Lernen.

Andrea ist Sozialpädagogin an der Max-Ernst-Schule in Euskirchen, einer Förderschule mit dem Schwerpunkt Hören und Kommunikation des Landschaftsverbands Rheinland. Angeschlossen an diese Schule ist ein Internatsbetrieb. Die Unterbringung in einzelnen Häusern erinnert an einen Ferienpark.

Tina hat diese Schule und ihre kleine Wohngruppe geliebt. Sie wurde hier sehr gefördert, lernte Grundgebärden und vieles, was sie noch heute lebenspraktisch umsetzt. Diese besondere Schule ist für viele Kinder und Jugendliche mit Behinderung ein Segen.

Im Zuge der Inklusion leisten die Unterrichtenden dieser Schule nun ein bestimmtes Stundenkontingent in Regelschulen, um dort Schülerinnen und Schüler mit Behinderung zu unterstützen. Natürlich fehlen die Lehrkräfte somit an der Förderschule, der Unterricht ist dadurch eingeschränkt – und am Ende tragen die Schülerinnern und Schüler diesen Nachteil: Ohne Inklusion hätten ihre Lehrer mehr Kapazitäten …

Formal muss man durch das stundenweise Abziehen von Förderschullehrkräften dem Anspruch auf Inklusion Genüge tun. Aus Andreas Sicht leidet dadurch allerdings der Unterricht an ihrer eigenen Schule. Ein gut funktionierendes System wird durch die halbherzige Umsetzung des Inklusionsgedankens abgebaut, indem der Unterricht auf Kosten der verbleibenden Schüler und Lehrer ausgedünnt wird. Schade! Ich bin froh, dass Tina in *ihrer* Schule damals noch nicht besagte Folgen der Inklusionsbemühungen mitbekommen hat.

Diese besondere Schule hat viel geleistet und würde dies gerne weiterhin tun. Der angeschlossene Internatsbetrieb läuft vorbildlich. Ich glaube, dass Tina ihre Zeit dort als Dauerferien interpretiert hat. Die Grundgebärdensprache hat ihr eine Welt eröffnet. Das Zusammenleben in dem Quasi-Ferienhäuschen, wo gekocht und gespielt wurde, hatte für sie familiären Charakter. Der Außenbereich erinnert an einen großen Spielplatz mit Schaukeln, Trampolinen, Wippen und einer gefahrlosen Auslaufmöglichkeit wie in einem großen Park ohne Autos.

Anderen Förderschulen geht es ähnlich. Die Arbeit macht den Lehrenden weniger Spaß, es wird kaum noch investiert; gefühlt dümpeln solche Schulen mittlerweile wie auf dem Abstellgeleis vor sich hin. Schade, wenn gut funktionierende Systeme durch Gesetzesänderungen eingedämmt oder sogar abgebaut werden.

Und wie kann es nach der schulischen Inklusion (wenn sie denn nun stattgefunden hat) weitergehen?

Sabine möchte, dass Menschen wie ihre Tochter ihr Leben ihren eigenen Bedürfnissen entsprechend gestalten können. Mit einem auf jeden einzelnen Menschen abgestimmten Konzept sollen sie in einer Wohnung, einer Wohngemeinschaft, einem Mehrgenerationenhaus leben. So unterschiedlich, wie wir alle sind, so vielfältig sind die Wünsche, zu wohnen, sagt Sabine. Das Geld für Miete und Hilfspersonal kann man inzwischen unabhängig von einem Wohnheim für Menschen mit Behinderung beantragen. Insofern ist man nicht mehr an bestehende Institutionen als Träger gebunden, wenn es um einen Lebensentwurf nach der Schullaufbahn geht.

Sabines Vorstellungen sind gut nachvollziehbar. Tochter Caroline ist wirklich fit. Aber was genau kommt nach der Schullaufbahn? Gibt es an ihrem Wohnort einen inklusiven Ausbildungsmarkt? Sind Arbeitsstellen für Menschen mit Handicap vorhanden? Oder können Menschen mit Behinderung am Ende froh sein, wenn sie trotz eines noch so niedrig einzustufenden Schulabschlusses einen Arbeitsplatz in einer Werkstatt für Menschen mit Behinderung ergattern?

Menschen mit Behinderung sind bislang eher vereinzelt auf dem ersten Arbeitsmarkt zu finden. Ich persönlich kenne lediglich einen Biomarkt in der Nähe, in dem ein Mann mit Down-Syndrom arbeitet.

Auf einer meiner Lesungen lernte ich Anke, eine junge Frau mit Down-Syndrom, kennen. Bis vor etwa zwei Jahren hat sie in einem Kino gearbeitet. Sie hat Eintrittskarten entwertet, Popcorn verkauft, halt viele Dinge erledigt, die in einem Kino anfallen. Leider konnte das Kino nicht mit einem neuen Cinema-Komplex mithalten und musste schließen. Trotz vieler Bewerbungen in Kinos und anderen Einrichtungen wie Lebensmittelgeschäften, Seniorenheimen und dergleichen hat Anke immer noch keine neue Stelle gefunden. Und sie ist wirklich fit und engagiert, verfügt inzwischen ja auch über Berufserfahrung. Sie hat ihren Job geliebt und ein hervorragendes Arbeitszeugnis erhalten. Nun ist Anke schon lange arbeitslos, wohnt weiterhin bei ihren Eltern (denn es hat sich bisher auch keine passende Wohngemeinschaft für sie gefunden) und bezieht Hartz IV.

Überhaupt existieren nur wenige WGs, die sich ein inklusives Alltagsleben auf ihre Fahne geschrieben haben. Aber es gibt sie, Wohnformen für junge Erwachsene, die sich zwischen ambulant betreutem Wohnen und Wohngemeinschaft sehen – und sie funktionieren.[6] Anderswo haben mehrere Familien gemeinsam eine Eigentumswohnung gekauft, in der nun ihre drei Söhne mit geistiger Behinderung leben. Mitarbeiter der Lebenshilfe kümmern sich mehrmals täglich um die kleine Wohngemeinschaft, deren Miete und Betreuung durch die Sozialleistungen finanziert werden. Die drei arbeiten derzeit in einer Werkstatt für Menschen mit Behinderung und leben in einem „ganz normalen" Umfeld. Auch die Nachbarn gehen ganz normal mit dieser außergewöhnlichen Jungs-WG um. Geht doch!

Für jemanden wie Tina wäre ein solcher Lebensentwurf nicht realistisch. Außerdem stellt sich die Frage, wie es weitergeht, wenn die WG-Mitglieder ohne Behinderung eines Tages eigene Familien gründen oder anderweitig leben möchten, vielleicht aus beruflichen Gründen den Ort wechseln. Was wird dann aus ihren Mitbewohnern, die sich an ein inklusives Miteinander gewöhnt haben?

Ich hoffe, dass sich auch für spätere Lebensabschnitte von Menschen mit einer geistigen Behinderung inklusive Wohnformen entwickeln. Möglicherweise öffnen die großen Dachverbände eines Tages ihre Institutionen für alle Menschen, damit Menschen mit und ohne Behinderung zusammen leben und arbeiten, ähn-

---

6 Hier das Beispiel eines jungen Mannes aus Bremen: https://www.youtube.com/watch?v=ikNCTCkF_fo.

lich wie auf dem *Eichhof*.[7] In diesem anthroposophischen Projekt leben die Menschen in dorfähnlicher Gemeinschaft zusammen. In Werkstätten, in der Landwirtschaft und Kleinviehwirtschaft wird produziert, im dorfeigenen Laden wird verkauft und ein Café mit Tante-Emma-Laden lädt zu einem Besuch ein.

In einem solchen Wohnprojekt kann ich mir sogar Tina gut vorstellen. Hier gäbe es die für sie so notwendige Überschaubarkeit, weil innerhalb der Werkstadt-Abteilungen noch einmal Untergruppen gebildet werden, damit wirklich jeder seinen Bedürfnissen entsprechend arbeiten und dabei sein kann.

Der Eichhof hat sicherlich das Zeug zum Prototyp gemeinschaftlichen Lebens. Er würde den Ansprüchen der Inklusion am ehesten gerecht, weil auch und gerade für Menschen mit geistiger Behinderung ein Umfeld vorhanden ist, das nicht überfordert und damit Sicherheit gibt. Ehrlich gesagt, würde ich selber gerne dort leben! Die Grenzen zwischen Behinderung und Nicht-Behinderung, zwischen besonders und alltäglich scheinen dort zu verschwimmen. Aber, wie bereits in meinem Buch *Das Leben ist schön, von einfach war nicht die Rede* aufgezeigt, bedarf es eines Engagements der Superlative, um ein solches Dorf-Projekt aus der Taufe zu heben. Und man benötigt Mitstreiter, die bereit sind, sich finanziell einzusetzen.

Durch Tina habe ich die Bekanntschaft mehrerer Eltern gemacht, die ihr Kind zwar auf eine Regelschule (meist eine Gesamtschule) geschickt haben, dann aber verhindert haben, dass es dort einen Schulabschluss macht. Denn mit solch einem Abschlusszeugnis steht dem jungen Erwachsenen nicht selbstredend in jedem Bun-

---

7 Davon erzähle ich in Kapitel 7 meines Buches *Das Leben ist schön, von einfach war nicht die Rede.*

desland ein Platz in einem Wohnheim oder in einer Werkstatt für Menschen mit Behinderung zur Verfügung. Menschen mit ausgeprägtem Handicap haben Vorrang, wenn es um Wohnheim und Werkstatt geht.

Das bedeutet, dass Eltern in den meisten Fällen die Verantwortung nicht ruhigen Gewissens abgeben können, wenn ihr mittlerweile erwachsenes Kind keinen Platz in Wohnheim und/oder Werkstatt erhält. Doch wir Eltern müssen genau *das*: Verantwortung abgeben. Können die Eltern und/oder Geschwister sich eines Tages nicht mehr um die Belange ihres Angehörigen kümmern, sieht er unter Umständen einer ungewissen und ungeregelten Zukunft entgegen. Insofern erscheint es enorm wichtig, dass der Lebensweg eines Menschen mit ausgeprägter geistiger Behinderung früh eine feste Struktur bieten kann.

Für Tina haben wir diese Frage geklärt. In einem Wohnheim des Landschaftsverbands Rheinland hat sie ihren Lebensmittelpunkt gefunden. Sie liebt ihren Job in der Werkstatt, wo sie DVDs und CDs recycelt, was ihrem Ordnungssinn entgegenkommt. Die silberne runde Scheibe kommt in den einen Karton, die Plastikhülle in einen anderen, das bedruckte Papier in einen dritten. Zwischendurch finden Bewegungsspiele in der Sporthalle statt; einmal die Woche kommt die Hundetherapeutin mit ihrem lieben Vierbeiner, den man streicheln und umherführen darf. Spiele und die gemeinsame Mahlzeit unterbrechen den Arbeitstag.

Ich empfinde es als Glück, dass Tina jeden Morgen fröhlich in ihre Werkstatt aufbricht. Die Betreuer loben sie und sind gerne mit ihr zusammen.

Inklusion ist sicherlich ein richtiger und lobenswerter Ansatz, und ich bin wirklich gespannt, in welche Richtungen sich die verschiedenen Konzepte weiterentwickeln. Auf der anderen Seite zählt für mich nur eins: dass Tina glücklich ist.

KAPITEL 7

UND WENN MAN ES NICHT GLEICH SIEHT?

Tina war kaum ein Jahr alt. Immer noch wog sie zu wenig und war zu klein für ihr Alter, machte aber im Verhältnis zu ihrem Einstiegskampf ins Leben riesige Fortschritte. Sie wirkte vergleichsweise aufmerksam, blickte neugierig in die Welt und hielt sogar Blickkontakt, wenn auch nur für wenige Sekunden. Auch begann sie zu lautieren. Mit einiger Phantasie konnte man bereits so etwas wie *Mama* erahnen. Die Therapeutin aus der Frühförderung zeigte sich überaus zufrieden mit Tinas Entwicklung. Von Autismus-Spektrum-Störung war jedenfalls keine Rede. Nicht einmal die Bezeichnung war mir bekannt, geschweige denn die Möglichkeit eines Zusammenhangs zwischen Down-Syndrom und Autismus, bezogen auf Tina.

Zu dieser Zeit trainierte ich wie eine Getriebene mit meinem Winzling: Greifen, Drehung vom Bauch auf den Rücken, mit dem Blick einen Gegenstand verfolgen, Babyschwimmen – ich nahm einfach alles wahr, was die Frühförderung empfahl. Auch in Bobath und Vojta wurde ich Fachfrau: zwei grundlegende Therapien, durch die bei der einen aufgrund von Bewegungsanreizen auf spielerische Weise das motorische Lernen angeregt wird, während bei der anderen durch bestimmte physische Reize – zum Beispiel durch punktuellen Druck auf eine bestimmte Stelle des Körpers – die Fähigkeit der Steuerung des Gehirns für Körperhaltung und Bewegung in Gang gesetzt und unterstützt werden soll.

Hinzu kamen wöchentliche Müttertreffen. Bei einem solchen Treffen berichtete eine Therapeutin aus der Frühförderung von einer Familie mit einer Tochter mit Down-Syndrom, die bereits erwachsen sei. Sie wohne ganz in meiner Nähe. Ich konnte mich beim besten Willen nicht daran erinnern, dieser Frau irgendwann einmal begegnet zu sein, zum Beispiel beim Einkauf im einzigen Supermarkt unseres Viertels.

Kein Wunder! Denn Anja war nicht als Mensch mit Down-Syndrom zu erkennen. Sie spazierte sozusagen inkognito durch ihr und offenbar auch mein Umfeld. Das fand nicht nur ich sehr spannend, sondern auch eine weitere Mutter aus unserer Runde, deren Tochter ebenfalls das Down-Syndrom hat.

Auf Anraten der Therapeutin rief ich bei der Familie an, berichtete von uns zwei Müttern und unseren Töchtern mit Down-Syndrom und dass wir ihre erwachsene Tochter gerne einmal kennenlernen würden. Wir hätten außerdem gehört, dass die Tochter durch eine kosmetische Operation nicht mehr die typischen Gesichtsmerkmale aufweise. Frau Lehmann war über meinen Anruf freudig erstaunt, lobte schon am Telefon den plastisch-chirurgischen Eingriff und lud uns ein.

Wie waren wir zwei Mütter gespannt! Mit Recht, denn unsere Neugier wandelte sich in Staunen, als Anja uns die Tür öffnete. Eine fitte, freundliche junge Lady stand uns also gegenüber, reichte uns die Hand und bat uns herein. Gleich auf den ersten Blick empfand ich das junge Mädchen sowohl im Aussehen als auch in ihren Umgangsformen als angenehm. Spontan gab ich innerlich den Ausführungen ihrer Mutter recht, die uns wenige Minuten später bei einer Tasse Kaffee erklärte, wie wichtig sie es fände, dass ihre Tochter seit einiger Zeit optisch nicht mehr stigmatisiert sei.

Anja ist in der Lage, alleine einkaufen zu gehen. Dabei führt sie einen kleinen Taschenrechner mit sich, weil sie mit Zahlen nicht viel anfangen kann, wie sie uns erklärte. Völlig ohne Begleitung besucht sie ihren Bruder in Berlin, wird lediglich von den Eltern am Flughafen Düsseldorf abgeliefert und bei der Ankunft von ihrem Bruder in Empfang genommen. Ihre Aussprache ist verständlich. Kennern fällt natürlich auf, dass sie wie jemand mit Down-Syndrom spricht, der gut gefördert worden ist.

Von einem stigmatisierenden Äußeren ist Anja nun weit entfernt – im Grunde chirurgisch keine wirklich große Sache. Seit sich die beiden Töchter von guten Freunden sowohl die abstehenden Ohren als auch die übermäßig großen und gekrümmten Nasen kosmetisch haben korrigieren lassen, stehe ich der plastischen Chirurgie durchaus positiv gegenüber. Der gesamte Freundes- und Bekanntenkreis hatte damals in diesen OPs einen Segen für die beiden Mädels gesehen. Kein Einziger fand die künstlich geschaffene Veränderung ihrer ursprünglichen Gesichter und damit die chirurgischen Eingriffe fragwürdig, nicht mal hinter vorgehaltener Hand.

Und wie war es zur Operation von Anja gekommen? „Ganz einfach“, sagte Anjas Mutter. (Ich weiß, so beginnen immer besonders komplizierte Themen. ☺) „Unser Nachbar ist Arzt und hat sich oft mit Anja über den Gartenzaun hinweg unterhalten.“ Und eines Tages habe er zu Frau Lehmann gesagt: „Ihre Tochter ist wirklich gut drauf. Aber ich finde, dass sie nicht so aussehen muss.“

„Es brauchte nur wenige Sekunden, aber dann hatte ich begriffen, worum es gehen sollte. Der Arzt war der Ansicht, dass man Anja nicht auf den ersten Blick ihre Behinderung ansehen müsse.“

Ein guter Bekannter des Nachbarn war Chefarzt einer Klinik für plastische Chirurgie. Gerne wolle er den Kontakt zu Anja und ihren Eltern herstellen. Wirke sie optisch *normal*, würde man ihr unvoreingenommener gegenübertreten.

Anja ist mehrfach getestet worden; ihr IQ liegt zwischen 55 und 60. Sie ist ziemlich selbständig und auch selbstbewusst genug, um zu fragen, wenn ihr etwas unklar ist – zum Beispiel in einem Geschäft.

Anjas Eltern machten sich sachkundig, erklärten der Tochter, worum es ging, und das Mädchen wurde mit etwa 18 Jahren kosmetisch operiert.

Frau Lehmann zeigte uns Fotos. Anja als kleines Kind, im Grundschulalter, mit etwa 16 Jahren – alles Aufnahmen vor dem plastisch-ästhetischen Eingriff. Mit den typisch schräg gestellten Augen und der sogenannten Sattelnase, dazu im Ansatz ein Doppelkinn, sah sie sogar relativ stark behindert aus – genau genommen wie ein „mongoloides" Mädchen aus dem Anschauungsmaterial eines Lexikons vergangener Zeiten. Lediglich der Mundschluss funktionierte tadellos, weil die Zunge frühzeitig und erfolgreich durch eine Gaumenplatte (mit einem die Zunge stimulierenden Noppen) trainiert worden war.

Chirurgisch gestaltet man bei diesem Eingriff durch Kürzung einer Sehne die Lidachse ein wenig waagerechter; auf das Nasenbein wurde bei Anja unter der Haut eine kleine Plastik eingesetzt, was sich ebenfalls positiv auf die nahezu waagerechte Stellung der Augen auswirkt und die sogenannte Sattelnase minimal begradigt; ebenso hatte man das Kinn ein wenig korrigiert. Relativ kleine Veränderungen mit zugegebenermaßen großer und beeindruckender Wirkung, wie wir, die beiden „Besuchsmütter", zugeben mussten.

Vehement sagte Frau Lehmann, dass sie sich über kritische Äußerungen ärgern würde, die typischen Down-Syndrom-Merkmale hätten für den behinderten Menschen doch eine „Schutzfunktion". Sie sehe es genau andersherum: Die Menschen hätten nun einmal Vorurteile. Die auf den ersten Blick wahrnehmbaren Merkmale würden jemanden, der das Down-Syndrom hätte, stigmatisieren. Anja hinke bildungsmäßig kaum hinter so manchem Schüler hinterher. Insofern sei es von Vorteil, dass Anja auch optisch als normal durchgehe und von ihren Mitmenschen so normal wie möglich eingestuft und eben nicht von vornherein als behindert kategorisiert würde. In dem Supermarkt, wo sie gerne alleine für die Familie einkaufen gehe, wüssten die Angestellten allerdings Bescheid. Einige hätten sich nach dem Eingriff lobend über Anjas neues Aussehen geäußert.

Und Anja selber? Sie strahlt, als sie uns die Artikel und Fotos von sich – vorher/nachher – aus Zeitungen und Ärztemagazinen präsentiert. Sie war die erste in Deutschland, deren kosmetische „Korrektur" in Fachkreisen großes Interesse fand. Ob es überhaupt zuvor vergleichbare Operationen gegeben hat, konnte Frau Lehmann nicht sagen. Es waren professionelle Fotos, wie man sie aus Hochglanzmagazinen kennt. Anja sah auf den „Nachher-Fotos" einfach umwerfend aus: Das lange Haar akkurat frisiert, völliger Mundschluss, anmutige Haltung, moderne Markenkleidung. Und ein ebenmäßiges Gesicht, mit Sicherheit auch ein wenig geschminkt. Aber auch in der Realität sah das junge Mädchen für den Fachmann wenig, für den Laien gar nicht behindert aus, sondern war einfach normal nett anzusehen.

Ich weiß noch, dass wir zwei Besucherinnen uns genauestens nach dem operativen Procedere und der Klinik erkundigt hatten.

Tja! Warum erzähle ich das? Damals war von Inklusion noch nicht die Rede. Es gab „behindert" und „normal". Wie denke ich jetzt darüber? Wie würde ich heute, in Zeiten von Inklusion, entscheiden?

Tina ist in meinen Augen ein hübsches Mädchen. Doch hätte meine Tochter so viel Potenzial wie Anja, hätte ich sie möglicherweise eines Tages gefragt, ob sie gerne möchte, dass man ihr die Behinderung nicht auf den ersten Blick ansähe. Ich bin mir sicher, dass Leute mit den geistigen Fähigkeiten wie Anja darüber nachdenken, diskutieren und sich eine Meinung bilden können. Mit meiner Tochter hätte ich darüber gesprochen, dass es Leute gibt, die gegenüber Menschen wie ihr Vorurteile hätten, allein aufgrund ihres Aussehens. Dann hätte ich ihr von Anja erzählt. Vielleicht hätte ich ihr Vorher/nachher-Fotos von Menschen mit Down-Syndrom gezeigt.

Tina mit 30 Jahren (rechts), zusammen mit Sonja, ihrer zwei Jahre jüngeren „kleinen großen" Schwester.

Kann sein, dass Tina geantwortet hätte, dass sie sich schön findet, so, wie sie ist.

KAPITEL 8

OHNE RÜCKSICHT AUF VERLUSTE?

Mein eigener Beitrag zur Inklusion

Bad Münstereifel ist unter anderem bekannt durch *Heinos Café*. Man muss kein Fan dieses Sängers sein. Es reicht, wenn man Fan von gutem Kuchen ist und bei Hitze – der Klimawandel lässt grüßen – gerne unter ausladenden Baumkronen an frisch gestrichenen Gartentischen sitzt. Hier kann man es sogar bei fast 40 Grad im Schatten aushalten, weil durch die leichte Höhenlage immer ein laues Lüftchen zwischen den großen Kastanienbäumen weht.

Auch dieser Sommer bot fürchterlich heiße Wochenenden. Also planten wir einen Besuch in Heinos Café.

Kuchen aus der Konditorei ist für Tina in den meisten Fällen zu obstlastig. Sie bevorzugt Kuchen mit viel Teig und – wenn überhaupt – mit ganz wenig Obst. Und mit Äpfeln schon mal gar nicht. Wie gut, dass es hier Eis gibt. Dachte ich, als ich den gigantischen Eiskaffee der Dame am Nebentisch sah.

Wie man sich irren kann! Bisher kannte ich lediglich den Spruch: *Draußen nur Kännchen.* Sie kennen das: Man hätte gerne eine simple Tasse Kaffee, aber: siehe oben. Der Spruch, den ich jetzt erst mal verdauen musste, lautete: *Eis nur im Eiskaffee.*

Ja, gute Frau, könnten Sie meiner Tochter denn nicht bitte zwei Kugeln Eis servieren? Ihr Kuchen hier ist zwar köstlich (ist er wirklich und die Vielfalt ist enorm), aber leider sehr sahnig. Und die Obstkuchen enthalten für ihren Geschmack deutlich zu wenig Teig. Sorry, aber meine Tochter ist da ein wenig schwierig. Und Eis mag sie furchtbar gerne.

Tja! Sie ahnen meine Erwartung: „Selbstverständlich, gar kein Problem, natürlich kriegt ihre Tochter ihr Eis!"

Pustekuchen! „Wir haben nur eine kleine Küche", erklärte die Bedienung. „Und in der steht der Gefrierschrank. Was denken Sie, wie wir da Eis ausgeben sollen? Das geht so gerade noch für Eiskaffee, aber nicht, wenn hier jeder Eis haben will. Im Übrigen sind wir ein Café. Wenn Sie Eis möchten, dann gehen Sie in ein Eiscafé. Gibt's unten in der City."

Peng! Das hatte gesessen! Klar – die Idee mit dem Eiscafé hätte mir auch kommen können. Blöd nur, dass Tinas Eltern viel lieber ein Stückchen von dem leckeren Kuchen essen würden und deshalb für uns ein pures Eiscafé nicht so der Brüller ist.

Zwei Minuten später kam eine andere Bedienung, der die Kollegin offenbar das Problem gesteckt hatte. „Sie können ausnahmsweise ein Eis bekommen. Aber dann muss ich Sie bitten, sich in den Innenraum zu setzen, damit es keiner sieht", sagte Kellnerin Nummer zwei.

Ich glaube, mir blieb der Mund offenstehen. Es war Kaiserwetter und wir saßen unter herrlich großen Bäumen, eine leichte Brise machte die 37 Grad wunderbar erträglich, und – klar! – wir wollten sehr gerne einfach an Ort und Stelle sitzen bleiben. Das taten wir auch und bestellten Kuchen. Nach kurzer Zeit stand ein kapitales Stück Obsttorte vor Tina. Umgehend hoben wir das Obst ab, damit Tina die Trockenmasse futtern konnte. Die Bedienung vergaß leider unseren Kuchen und schäkerte stattdessen mit einem Pudel herum. Alles blöd gelaufen. Bisschen sauer waren wir inzwischen auch.

Inzwischen sah die Sache für mich anders aus: Wegen Tina wollte ich nun selbst eine Extrawurst – äh – ein Extra-Eis. Dabei gab es ja in der Tat im selben Ort auch ein Eiscafé, und Kuchen konnte ich ja ein andermal wieder bestellen – zum Beispiel, wenn ich ohne Tina unterwegs bin.

Sorry, liebe Bedienung. Es ist sicher stressig, bei so einer Hitze hin- und her zu flitzen, um Leute zu verköstigen. Und dann muss man sich auch noch dafür rechtfertigen, dass man kein Eis ausgeben soll. Es wird nämlich nicht auf der Speisekarte angeboten, weil kein größerer Gefrierschrank in die viel zu kleine Küche des großen Heino-Cafés passt. Habe ich alles genau behalten! Und dann kommt da so eine Mutter, die geradezu anmaßend darauf verweist, dass ihr besonderes Kind diese Sonderration dringend braucht. Eine Mutter, die unbedingt Rücksicht auf ihr außergewöhnliches Kind einfordert. Dabei ist sie nur zu bequem, die Lokalität zu wechseln.

Fazit: Inklusion muss wohl von beiden Seiten gewollt sein. Ich kann nicht immer und überall erwarten, dass man auf Tinas Besonderheiten eingeht – vor allem nicht, wenn es Alternativen gibt. So sehe ich es jetzt und will es in Zukunft akzeptieren (auch wenn ich mich insgeheim doch dolle freue, wenn jemand so freundlich ist und zum Beispiel klammheimlich mal eben – also – wären ja nur zwei kleine Eiskügelchen …).

KAPITEL 9

EIN ALTES GRÜNES TANDEM

Tina war vielleicht zehn Jahre alt, als wir es wagten, sie auf ein Trailer-Bike zu setzen. Genau genommen handelt es sich bei einem solchen Teil um ein halbes Kinderfahrrad, das anstelle des Vorderrades eine Kupplung hat. Damit hängt man es an das Zugfahrrad des Erwachsenen. Tina radelte auf diese Weise mit Papa los, und ich fuhr hinterher; immer im Blick, dass auch ja alles gut ging.

Noch heute bewundere ich Tinas Vertrauen. Schließlich hat sie sich auf das Wagnis eingelassen, alleine auf so einem kleinen Sattel Platz zu nehmen und zu schauen, was passiert. Es klappte prima. Tina lernte wie jedes andere Kind, auf- und abzusteigen und das Gleichgewicht zu halten. Radeln wurde ihr Ding!

Mit 15 passte Tina nicht mehr auf das halbe Kinderrad.

Bei neuen Tandems ist der Abstand zwischen Lenker und Sattel für Tina zu groß. Wir suchten und fanden ein altes Tandem – perfekt für Tinas Bedürfnisse: Der Sattel kann sehr niedrig eingestellt werden, sodass sie es schafft, eigenständig aufzusteigen. Und der Abstand zwischen Sattel und Lenker ist gering genug, dass sich

Tina nicht zu weit vorbeugen muss und so ein sicheres Gefühl beim Radeln hat.

Inzwischen fuhren Papa und Tochter auch ohne mich als Aufpasserin im Schlepp.

Eines Tages ging das Telefon: „Tina sitzt nicht mehr hintendrauf!“ An einer Ampel musste sie wohl abgestiegen sein. Die Ampel zeigte Grün und mein Mann fuhr weiter – aber nicht mit Tina.

Panik! Natürlich rannte ich kopflos aus dem Haus, um sie zu suchen. Währenddessen kehrte mein Mann um und fuhr die zurückgelegte Strecke ab. Er fand unsere Tochter bald: Sie hatte die Hauptverkehrsstraße alleine überquert und saß unmittelbar am Straßenrand. Mein Mann sah, wie sie gerade ihre Schuhe auf die Fahrbahn warf, die Socken hinterher.

Niemand hielt an; auch schätzte keiner der Fußgänger an der Ampel die Lage richtig ein. Jedenfalls hat sich keiner dazu verpflichtet gefühlt, sich in irgendeiner Weise um Tina zu kümmern. Dabei dürfte es zumindest ungewöhnlich sein, wenn ein kleines Mädchen so unmittelbar am Rand einer vierspurigen Hauptverkehrsstraße sitzt und vor sich hin jammert, während die Autos knapp an ihr vorbeirasen. Natürlich rannte Papa, so schnell es ging, zu seiner Tochter, sammelte bei der nächsten Rotphase für Autos Schuhe und Strümpfe ein und die beiden radelten heim.

Gut zehn Jahre später. Das alte grüne Tandem gibt es immer noch. Doch es wird mit Tina, die inzwischen über 50 kg wiegt, allmählich anstrengend, längere Steigungen zu bewältigen. Ein neues und damit modernes E-Tandem kommt aber wegen des Gewichts und seiner Länge und Höhe des hinteren Sattels nicht infrage. Selbst zu zweit schaffen wir es nicht, so ein Gefährt aufs Autodach zu hieven, um es zu Tinas Wohnheim mitzunehmen. E-Bikes sind wegen des Motors und ihrer technischen Ausstattung deutlich schwerer. Und aufgrund ihrer Länge kann man so ein Tandem nicht quer auf einen ganz normalen Fahrradständer auf die Anhängerkupplung, sondern ausschließlich *aufs* Autodach montieren.

Nun hat das alte Tandem also an Wert gewonnen, denn in Ost-Belgien hat uns der Eigner einer Fahrradwerkstatt nicht etwa mit Rechtsparagraphen beworfen, weshalb man ein Fahrrad auf keinen Fall zu einem E-Bike umbauen dürfe. Sondern mein Mann hat ein Umrüstungspaket gekauft. Der Fahrradfachmann hat sich damit vertraut gemacht, und dann hat er es für uns umgerüstet: Das alte Gefährt ist nun ein E-Tandem, und Papa und Tina sind weiterhin *das* Tandem-Duo schlechthin.

Aber wie anderen Radfahrern auch passieren manchmal Dinge, die für jemanden wie Tina schwer einzuordnen sind. Es ist Kaiserwetter und wie so oft steht ein Ausflug nach Bad Münstereifel auf dem Programm – bei dem herrlichen Wetter natürlich per Fahrrad. Blöderweise ist das Vorderrad platt. Doch Tina erträgt geduldig, wie der Schlauch repariert wird, denn gleich geht es los – da ist sie ganz sicher.

Schließlich radeln wir los, und Tina freut sich. Etwa zweihundert Meter vor dem Café, unserem ständigen Ziel in Bad Münstereifel nach der Radtour vom Wohnheim aus, ist das Vorderrad wieder platt. Wir halten an, und Tina wirft sich verzweifelt zu Boden. Ich verspreche ihr ein Eis, aber sie springt auf und klammert sich fest an ihren Lenker. Sie sieht absolut nicht ein, weshalb wir vor dem gewohnten Ziel absteigen sollten. Typisch für jemanden im Autismus-Spektrum, darf nichts den gewohnten Gang der Dinge, in diesem Fall die Fahrradroute, stören. Immerhin zählt diese Ausflugsvariante zu Tinas Lieblingsunternehmungen. Und da darf erst recht nichts verkehrt laufen. Demonstrativ zeigen wir auf den luftlosen Reifen, deuten „kaputt“, doch Tina ist völlig uneinsichtig. Verzweifelt suchen wir nach einer raschen Lösung, zumal die Wege Richtung Outlet-Center gut gefüllt sind – und ganz Bad Münstereifel ist ein Outlet-Center. Wieder einmal sind wir Objekt verständnisloser Blicke. Blicke, die einen regelrecht stechen können.

„Müssen wir halt auf der Felge fahren", sage ich hilflos. Mein Mann zuckt mit den Achseln und pumpt den Reifen noch einmal auf, während Tina schreiend darum kämpft, aufsteigen zu dürfen. Der Reifen hat wieder kurzfristig Luft, Tina darf Platz nehmen und wir rollen bis zum Café den Berg hinunter, nach wenigen Metern erneut auf der Felge. Erst einmal atmen wir durch, weil sich Tina beruhigt hat, denn nun sind wir ja am gewohnten Ziel eingetroffen. Wir schaffen es sogar noch bis an eine Stelle, an der wir meistens unsere Räder parken.

Die Fahrräder sind abgeschlossen, die Helme abgesetzt und Tina ist wie ausgewechselt, denn nun ist ja alles gut, weil: Alles wie immer. Apfelschorle und Nusskuchen stehen bald vor ihr auf dem Tisch. Doch wie geht es weiter?

Auch ich trinke meinen Kaffee, während sich mein Mann erhebt. „Ich bin dann mal weg", sagt er und zieht los, um sich an die Reparatur des Reifens zu machen. Tina ahnt vielleicht, dass sein Verschwinden etwas mit dem Tandem zu tun hat, und bleibt geduldig neben mir sitzen, den Judogürtel im Anschlag. Wie gut, dass immer Flickzeug dabei ist. Mir fällt ein Stein – nein, ein Felsbrocken vom Herzen, denn keine der durchaus vorhandenen Möglichkeiten hätte uns gerettet: Eisenbahn, Taxi, Wohnheim alarmieren, dass uns jemand abholt – alles nichts für Leute mit einer Tina Speziale: Mit dem Rad sind wir gekommen und genauso hat es zurück zu gehen. In diesem Fall natürlich zu *radeln*.

Nach längerer Zeit wird mir wieder einmal klar, wie abhängig Tina davon ist, dass zumindest vieles und vor allem für sie besonders Wichtiges seinen gewohnten Gang nimmt. Und wie stressig es sich für uns als Eltern anfühlt, wenn man einigermaßen hilflos so einer für Tina inakzeptablen Situation ausgesetzt ist.

Mittlerweile schlägt das Wetter auch bei uns seine Kapriolen. Es wird nicht nur besonders heiß, sondern man muss sich unter Umständen auf sintflutartige Regenfälle einstellen.

Wieder sind wir unterwegs Richtung Bad Münstereifel. Wie immer führt uns der Weg entlang der Erft durch einen Tunnel. Doch diesmal ist die schmale und recht tief liegende Durchfahrt geflutet, denn die Erft wird an dieser Stelle schmal, und nun ist aus Weg und Bach ein reißender Strom geworden, der die gesamte Tunnelbreite überflutet. Natürlich müssen wir anhalten – und es geht absolut nicht weiter. Wir beobachten, wie ein anderer Radfahrer sein Rad vor dem Tunnel den Hang hinaufträgt und über eine Absperrung hebt. Mit Tina umkehren geht nicht. Uns bleibt keine Wahl: Wir müssen das Tandem und mein Rad nun ebenfalls den Hang hochwuchten und über das Hindernis hieven. Dabei müssen wir vor allem Tina beruhigen. Wie gut, dass der athletische Radfahrer, nachdem er mit seinem Gefährt alle Hindernisse überwunden hat, unsere – sagen wir einmal: besondere – Situation registriert hat. Ruckzuck haben er und mein Mann die Räder auf befahrbares Terrain geleitet, während ich Tina klarmache, dass wir nun ebenfalls den Hang hinaufmüssen – und zwar zu Fuß –, um oben wieder Radfahren zu können. Tina kapiert, jammert nur noch verhalten und klettert an meiner Hand nach oben.

Ja – es ist anstrengend und man kann nie sicher sein, ob der an sich harmlose Ausflug gewisse Tücken entwickelt. Trotzdem bin ich davon überzeugt, dass es richtig ist, Dinge mit Tina zu wagen, denn auch sie wird im Rahmen ihrer Möglichkeiten flexibler. Schließlich erlebt sie, dass es eigentlich immer eine Lösung gibt. Nicht sofort und manchmal mit Anstrengung verbunden – aber hinterher wird alles gut.

So auch bei einem Unfall. Mir blieb das Herz stehen, als das Tandem auf dem holprigen Radweg an der Erft eine Erhebung nicht glatt schaffte, seitlich wegrutschte und Tina samt Papa heftig stürzten. Ohne Frage hatten sie sich ordentlich wehgetan. Wie geht es jetzt bloß weiter?, fragte ich mich mit Blick auf meine schreiende Tochter und ihren sich mühsam aufrappelnden Vater.

Und was tat Tina? Sie sprang auf die Füße, machte sich mit aller Kraft daran, das Rad aufzustellen. Ihr Vater begriff, erhob sich ebenfalls, griff seinerseits an Lenker und Sattel und half Tina. Im Nu saßen beide wieder im Sattel. Tina hörte augenblicklich auf, zu brüllen, denn der Status quo war wieder hergestellt: Das Tandem fuhr dem gewohnten Samstagnachmittagsziel entgegen. Schmerzen? Die sind zweitrangig, wenn bloß das Fahrrad rollt.

Noch Wochen später beginnt Tina zu jammern, sobald wir uns dem Unfallort nähern. Ihr Ton wandelt sich in Freude, wenn sie die Stelle unbeschadet überstanden hat.

Tinas Orientierungssinn funktioniert einwandfrei. Sie weiß ganz genau, an welcher Stelle der elf Kilometer langen Strecke das Tandem weggerutscht war und ab welchem Punkt die Sturzgefahr überwunden ist.

KAPITEL 10

VON SPIELZEUG, SCHWIMMBADBESUCHEN UND DEM PFERD WILLY

Sobald Tina nach Hause kommt, ihre Schuhe ausgezogen und ihren Anorak aufgehängt hat, rennt sie nach oben und erklimmt die schmale Stiege ins Dachzimmer hinauf. Dort wartet in einem hässlichen Plastiksack die Kullerbahn – ebenfalls aus buntem Plastik der Marke „grell und unökologisch". Aber weil ihr dieses Arrangement aus variablen Bauelementen in rot, gelb, blau und grün (dazu gehören ungefähr 20 kleine Kugeln) schon bei ihrem Freund Kalli so unglaublich gut gefallen hat, haben wir dieses Spielzeug ebenfalls angeschafft. Tina liebt dieses Teil, während sie die hübschere und nebenbei auch deutlich teurere Kugelbahn aus Holz mit größerer Kreativitätsbandbreite missachtet. (Das nur nebenbei zu meiner Verteidigung gegen das mit Recht ins Gerede geratene Plastikspielzeug.)

Die Kugelbahn wird aufgebaut; alle Elemente wie Kaskade, Treppe, Mühle, Kurvenelement müssen untergebracht werden, damit das Spiel beginnen kann: Kugeln oben in den blauen Trichter rein und los geht's. Längst haben wir die Glas- und Metallkugeln gegen welche aus Holz ausgetauscht, um einem Hörsturz vorzubeugen. Die Dezibel reichen nach spätestens zwei Tagen auch mit den Holzkugeln bis an die Schallgrenze des Erträglichen. Rollt eine Kugel unter den Schrank, ist das Geschrei dermaßen groß, dass wir umgehend auf dem Bauch liegen und alles absuchen, bis das Teil gefunden ist. (Dass man bei diesen Aktionen auf den Gedanken kommt, doch auch mal unter den Schränken und dem Sofa zu putzen, und dass noch manch andere verloren geglaubten Schätze dabei nicht länger unentdeckt bleiben, sei hier nur am Rande erwähnt.) Genau genommen erreicht die Kullerbahn bei uns nach spätestens zwei Stunden den Status eines Folterinstruments.

Das Problem ist, dass Tina selbst entscheidet, wofür sie sich interessiert. Was haben wir nicht alles angeschafft und ausprobiert: raffinierte Magnetbauteile, Schaumstoffelemente, Puppenstube, Holzeisenbahn, Bücher mit Bildern und aufklappbarem Innenteil, Flugobjekte, Tisch-Curling, um nur einiges zu nennen. Als Tina noch klein war, hatte wenigstens die zwei Jahre jüngere Schwester etwas davon. Inzwischen liegen die Dinge nur noch auf Halde, warten auf Besucher mit Kindern oder werden weitergereicht.

Tatsache ist einfach, dass Menschen im Autismus-Spektrum häufig ein spezielles Objekt favorisieren und alles andere rigoros ausschlagen. Jahrelang hat Tina Zollstöcke aufgefächert und wieder zusammengelegt. Auf diesem Gebiet wurde sie absoluter Profi; so rasend schnell, wie sie das Teil auseinander- und wieder zusammenklappte. Genauso fächerte sie viele Jahre ein ganz bestimmtes Rommé-Kartenspiel auf – wiederum im Affenzahn, quasi aus dem Handgelenk heraus. Wie ein schwerbewaffneter Zocker mit Cowboy-Hut auf dem Kopf in einem Western. Seit mehr als zehn Jahren hat der Judogürtel (siehe Vorwort) Kartenspiel und Zollstock abgelöst. Immer genau ein bestimmter Gürtel wird auf- und abgerollt, um Stuhlbeine herumgedreht, in ein Geländer eingefädelt oder durch eine Gartentisch-Ritze hindurchgezogen. Ist der Gürtel zerfleddert, gibt es das Problem, Tina ein frisches Exemplar schmackhaft zu machen. Erst nach mehrmaligem Waschen und ausgiebigem Einlassen in einen Trockner hat er die notwendig weiche Konsistenz wie sein ausrangierter Vorfahre. So besteht die Chance, dass Tina ihn akzeptiert – und alle Beteiligten erst einmal wieder ein paar Monate Ruhe haben …

Wie oft habe ich gedacht, dass dieses eintönige Seilschwingen, Fabrizieren von Seemannsknoten (Achterknoten und Rundtörn gehen mir inzwischen leicht von der Hand) und die Wickel-Varianten niemanden weiterbringt – Tina am allerwenigsten. Als wir jedoch bei einem Spaziergang in matschiges Gebiet gerieten, wo man wegen der Steigung auszurutschen drohte, stellte ich fest, dass Tina nur mit dem aufgerollten Judogürtel in der Hand die nötige Zuversicht gewann, überhaupt weiterzugehen. Sie unterzuhaken und damit zu stabilisieren, reichte nicht aus. Der Gürtel – im Moment ist es ein oranges Exemplar mit grünem Mittelstreifen; keine Ahnung, welchen Könnens-Status man damit erreicht haben müsste – hat die Rolles eines Fetischs. Er ist immer da, immer einsatzbereit, ein omnipräsentes Teil zur Orientierung, das Sicherheit gibt, sodass sich Tina geschützt fühlt. Nachts liegt er aufgerollt unter ihrem Kopf. Niemals könnte sie ohne dieses oftmals schmuddelige Teil schlafen. Wird er gewaschen, sitzt Tina vor der Waschmaschine und verfolgt jede Drehung der Trommel (siehe Vorwort).

Dabei gibt es ja durchaus eine Menge intelligentes Therapiespielzeug. Das Problem besteht darin, es Menschen wie Tina schmackhaft zu machen, damit sie sich einer neuen Beschäftigung zuwenden. Im Grunde würde es für Tina bedeuten, ihre Komfortzone zumindest eine Zeit lang zu verlassen.

Jedoch ist auch diese Problematisierung eine Frage der Perspektive. Möglich, dass Tina gar nicht in dem Sinne mit ihrem Judogürtel spielt, wie ich meine. Möglich, dass es lediglich ihr Halt ist, eine Art materieller Partner, den sie dringend braucht, mit dem sie auf ihre Weise kommuniziert. Und die Holzkugeln müssen wieder und wieder ihren Weg die Kugelbahn hinab finden, damit sich bestätigt, dass sie alle denselben Weg nehmen und auch wirklich unten ankommen. Die Kugeln werden nur deshalb ohne Unterbrechung eingesammelt und erneut in den Trichter gefüllt, damit sich bestätigt, was man eigentlich längst beobachtet hat.

Wenn Tina spielt, geht es ihr vermutlich selten um eine Freizeitbeschäftigung oder um schlichte Unterhaltung. Das Tun, die Bewegungen scheinen eher eine existenzielle Bedeutung zu erfüllen: Ein bestimmter Vorgang lässt sich zuverlässig herbeiführen. Jedes Mal läuft er gleich ab. Und das gibt Sicherheit in einer Welt, die von ungeheuer vielen Variablen geprägt ist, was jemanden im Autismus-Spektrum erschreckt. So gesehen ist es verständlich, dass Tina gerne die Wege einschlägt, die sie bereits kennt; das Café besucht, in dem sie schon zigmal gewesen ist; die Häuser betritt, in denen sich die Dinge verlässlich an derselben Stelle befinden wie beim letzten Mal. Konsequenterweise meidet sie Orte, mit denen sie unliebsame Erinnerungen verbindet. Beim nächsten Zahnarztbesuch dürfte es also wieder spannend werden …

Anders verhält es sich bei Unternehmungen.

Tina liebt Aquarien. Man muss nur gebärden, dass es in dem großen Gebäude Fische gibt, betritt sie vorbehaltlos auch einen fremden Bau. Stundenlang kann sie die Fische und ihre Bewegungen durch die Scheibe beobachten. Sie muss nur schauen. Niemand fordert sie zu einer Kommunikation auf. Zuverlässig kommt der Fisch irgendwann wieder vorbei und weicht der Scheibe aus, um seine Bahn fortzusetzen. Auch hier ist die ständige Wiederholung ein Zeichen für Kalkulierbarkeit. Denn das „Spiel“ der Fische hört nicht auf, während andere Zootiere in ihrem Bau verschwinden, einfach nur herumstehen, reglos auf der Stelle verharren oder gefühlt stundenlang fressen. Bei solchen Tieren hat man den Eindruck, Tina würde noch nicht einmal richtig hinsehen.

Viele Menschen mit Behinderung lieben das Wasser. Sie haben Spaß in Schwimmhalle und Freibad, fallen aber vor allem als Gruppe spätestens dann auf, wenn sie als Erwachsene mit Schwimmhilfen ins Nichtschwimmerbecken gehen. Tina trägt dabei einen Neoprenanzug. Zum einen schließt so ein Anzug an den Oberschenkeln dicht ab für den Fall, dass sie vor lauter Freude und Aufregung ganz plötzlich muss. Zum anderen ist er dringend nötig, weil sie das Becken nicht so schnell wieder verlässt. Ohne Neopren würde sie irgendwann vor Kälte blau anlaufen, aber nicht unbedingt freiwillig aus dem Wasser steigen. Schwimmbad ist also der Hit. Als Begleiter empfiehlt es sich allerdings, aufmerksam-irritierte Blicke oder Bemerkungen der anderen Badegäste und des Personals konsequent zu ignorieren …

Vom Reiten habe ich schon in meinem letzten Buch erzählt. Tina reitet seit zwei Jahrzehnten. Doch das ist es nicht allein. Rosi, ihre Reittherapeutin, lässt sie überall mithelfen (siehe Vorwort). Tina füttert und striegelt das Pferd Willy auf ihre eigene Weise, karrt mit der Schubkarre Strohballen heran und schleppt Eimer mit Futter oder Wasser. Das erledigt sie mit viel Engagement. Man könnte sich fragen, warum sie dem Pferd gegenüber so verständig ist und für einen Außenstehenden verantwortungsvoll agiert, während sie kleine Kinder wie Dinge behandelt, die man herumwirft, fallenlässt oder auf den Boden schubst. Nach wie vor darf man Tina nicht unbeaufsichtigt in die Nähe von Kindern kommen lassen. Ihr Verhalten kann nämlich echt gefährlich werden. Es bleibt ihr Geheimnis, warum sie sich so verhält. Aggressiv wirkt sie bei ihren spontanen Attacken jedenfalls nicht.

Sowohl in der Werkstatt als auch bei Rosi gibt es einen Hund. Die Werkstatt hat eine Hundetherapeutin engagiert, und natürlich habe ich als Tinas Betreuerin zugestimmt, dass Tina mit dem Tier umgehen darf. Das klappt problemlos, Tina verhält sich auch dem Hund gegenüber umgänglich.

Bei Rosi spielt sich oft folgende Szene ab: Rosi hält den dicken Willy und ein zweites Pferd am Halfter und geht durchs Dorf in Richtung Wald zum Reiten voraus, Tina hält den Hund an der Leine und läuft hinterher. Da der Hund darauf abgerichtet ist, seiner Herrin zu folgen, führt in Wirklichkeit er Tina hinter Rosi her. Für die Passanten sieht es aber so aus, als führten Rosi und Tina einen kleinen Zoo spazieren. Als Gruppe geben die fünf ein wirklich lustiges Bild ab. Erst neulich sagte wieder jemand: *„Ich hätte noch eine Katze anzubieten, die sicher auch gerne mit möchte."*

Auch Uschas Geschichte (siehe auch Kapitel 14) zeigt, dass Tiere für Menschen mit Behinderung eine Bereicherung sein können. Ein autistisches Mädchen lag mit einem großen Hund zusammen im Bett, während es erst ein Jahr später einen anderen Menschen an sich heran ließ und eine Berührung geschehen ließ.

Tina verhält sich den ihr bekannten Tieren gegenüber völlig verständig und in gewissem Maße verantwortungsbewusst, was sonst nicht selbstverständlich ist. Auch der Film Alles außer gewöhnlich dokumentiert die positive Wirkung von Tieren auch auf Menschen, die von außen betrachtet eine extreme Behinderung haben. Ich kann den geschulten Umgang mit Tieren nur empfehlen. Einen Versuch ist es allemal wert.

KAPITEL 11

EINE BEGEGNUNG À LA TINA

Jeden Sommer reisen wir mit dem Wohnwagen gen Schweinheim. Schweinheim muss man nicht kennen, aber wegen des kaum zu findenden, unglaublich schönen Campingplatzes ist es von Vorteil. So ähnlich wie diesen verschwiegenen Ort in der Nähe von Euskirchen – eine umfunktionierte Obstplantage mit großen alten Bäumen und Büschen – stelle ich mir den Garten Eden vor.

Seit fünf Jahren verbringen wir dort im Sommer allerschönste Ferien mit Tina. Tagsüber machen wir kleine Wanderungen oder Radtouren, picknicken am Wohnwagen oder unterwegs auf einer Decke. Spätabends bringe ich Tina zurück ins Wohnheim, um sie am nächsten Morgen wieder abzuholen in den wundersamen Camping-Garten. So können wir alle gut schlafen, was mit Tina im Wohnwagen nicht gelingen würde. (Im Buch *Das Leben ist schön, von einfach war nicht die Rede* erzähle ich ab Seite 62 davon.).

Bei einem ausgedehnten Spaziergang beobachteten wir in der Einsamkeit aus einiger Entfernung an einer Weggabelung einen Mann, der ein Radio, einen echten Ghettoblaster, im Rucksack dabei hatte. Es fiel unvermeidlich auf, dass an diesem Sonntag Popmusik in die ländliche Stille schallte. Eigentlich wollten wir den Fremden ignorieren, ihm allenfalls einen guten Tag wünschen. Doch der Mann stand dort, als würde er auf uns warten. Da es keine Ausweichmöglichkeit gab, gingen wir weiter, ein wenig unsicher, je näher wir ihm kamen. Der gute Mann schaltete sein Radio aus und begrüßte uns auf eine so freundlich verbindende Weise, dass es irgendwie unpassend schien, einfach weiterzugehen. Also blieben wir stehen. Wir gingen davon aus, dass wir unseren Weg ohnehin gleich fortsetzen würden, denn Tina akzeptiert schlicht keine Unterbrechungen bei einem Spaziergang.

Der Radiohörer begann, seine Lebensgeschichte zu erzählen, in der es um Verlassenheit, Einsamkeit und Trauer ging. Entgegen ihrer sonstigen Gewohnheit jammerte Tina nicht los, weil unser Spaziergang stoppte. Sie ging in die Hocke und rollte wie gewohnt ihren Judogürtel ab und wieder auf. So verweilte sie für ihre Verhältnisse einmalig lange. An einer der zahlreichen kummervollen Episoden, über die der Mann in entsprechend bedrückendem Ton berichtete, stellte sich Tina plötzlich aufrecht hin und bot ihm ein Ende ihres Judogürtels an. Der Mann begriff zunächst nicht. Also stupste Tina mit dem dargereichten Ende seine Hand an. Jetzt kapierte er, ergriff das Band und begann, sein Ende aufzurollen, während Tina ihres abrollte. Sie hatte mit ihm angebändelt – und der Mann deutete zum ersten Mal seit unserer Begegnung ein Lächeln an, sagte auch etwas Freundliches zu ihr.

Seinen Kummer wird er nicht überwunden haben, aber für einen kleinen Moment konnte er ihn vergessen. Irgendwann hatte er sich eine Menge von der Seele geredet, und unsere Wege trennten sich.

Ich habe eine Weile darüber nachdenken müssen, ob es ohne Tinas Beisein zu diesem ungewöhnlichen Aufeinandertreffen gekommen wäre. Es wäre zumindest deutlich anders verlaufen. Ein Unbekannter mit einem Radio im Rucksack, das durch die Ruhe der Natur plärrt, lädt nicht zum Verweilen für einen Plausch ein. Vermutlich hätten wir rasch einen Grund gefunden, das

Gespräch abzuwürgen, wenn es denn überhaupt in Gang gekommen wäre. Aber da sich Tina hingehockt hatte und also nicht wie sonst auf Weitergehen programmiert gewesen war, hatte es sich anders ergeben. Überraschend anders, denn auf eine derart intensive Begegnung war niemand von uns gefasst gewesen.

Es war Sonntag, der Mann offenbar sehr einsam, wir waren zufällig zur Stelle und Tina hat auf ihre Weise Kontakt aufgenommen. Es sollte wohl so sein.

KAPITEL 12

VITAMINMANGEL UND QUALITÄTSMANAGEMENT

Was Tina nicht mag, isst sie nicht. Absolut gar nicht! Eher geht sie hungrig zu Bett. Jemand wie Tina fällt nicht unter die Gesundheits-Essenden, die Vorzüge vitaminreicher Kost sind ihr fremd. Sie ist eine von denen, die ausschließlich verspeisen, was sie mögen – und das im Affenzahntempo. Typisch für sie ist, dass sie ihre Mahlzeiten verschlingt, als gäbe es kein Morgen. Scheinbar ohne zu kauen, schluckt Tina Bissen für Bissen hinunter.

Gerade haben wir uns aus verschiedenen Schüsseln bedient, wünschen vielleicht noch *guten Appetit*, wollen mit dem Essen beginnen, da ist Tina auch schon fertig. Sie springt auf und nimmt vor ihrer Kullerbahn Platz. Mahlzeit erledigt! Sie hat zu tun.

Die Fakten sind ernüchternd bis beängstigend: Tina liebt Fleisch in jeglicher Form, am liebsten Frikadellen und Wurst. Außerdem mag sie gebratenen Lachs, Fischstäbchen, Joghurt und Quarkspeise ohne feste Bestandteile wie Obst. Sie isst gerne Marmorkuchen, Nusskuchen, Butterbrote mit Gouda oder Wurstscheiben. Und liebend gerne Eis.

Ende!

Keinerlei Gemüse, keine Pilze, keine Früchte. Reis oder Nudeln isst sie wie abgezählt – also ein paar Gabeln voll und das war's! Pommes Frites mochte sie früher sehr gerne; auch hier macht sie nach ein paar Stücken gleich wieder Schluss.

Ihre Ernährungsvorlieben sind – vorsichtig ausgedrückt – etwas einseitig und ausgesprochen vitaminarm. Gesunde Ernährung geht jedenfalls anders.

Nun gut! Vitamin C kann man durch verdünnte Fruchtsäfte ausgleichen. Aber andere wichtige Elemente, auf die der Körper eben auch angewiesen ist, fallen weg. B12 zum Beispiel, auch Zink und wertvolle weitere Stoffe, die man durch Gemüse, Salat, frisches Obst umsetzt.

Ich hatte mir Tinas Ernährungsgewohnheiten notiert und es war schnell klar, dass sie auf Nahrungsergänzung angewiesen ist, um gesund zu bleiben.

Zu meinem großen Erstaunen darf aber genau *das* im offiziellen Raum, also in Wohnheim und Werkstatt, nicht einfach so geschehen: Nahrungsergänzung ist nicht Sache des Betreuers, sondern der Medizin. Hat das QM, das „Qualitätsmanagement“, entschieden, welches es längst in jeder Dachorganisation gibt. Anordnung von „oben“: Ohne ärztliche Verordnung keine Nahrungsergänzung – in Tinas Fall: Brausetabs mit diversen wichtigen Inhaltsstoffen, wie man sie normalerweise nur durch Gemüse und Obst zu sich nehmen kann. Tabs, die man überall bekommt: in Drogeriemärkten und Co. Völlig harmlose Gaben, sonst dürften sie außerhalb der Apotheke gar nicht angeboten werden; Nahrungsergänzungen, die für jemanden wie Tina aber durchaus wichtig sind, um ihren Vitaminmangel zumindest etwas auszugleichen.

Was tun, wenn – wie in unserem Fall – die Qualitätsmanagerin Nahrungsergänzungsmittel ohne ärztliche Verordnung untersagt?

Zunächst bin ich erstaunt, telefoniere nach und werde belehrt, dass ohne ärztliche Verordnung nichts geht. Ich werde wirklich ärgerlich, was selten vorkommt, und wende mich ans Familiengericht, um meine Kompetenzen als juristische Betreuerin in Sachen Gesundheitsfürsorge abzuklopfen. Und siehe da: Als Betreuerin bin ich zur Gesundheitsfürsorge regelrecht verpflichtet. Ich rufe also beim QM des Landschaftsverbandes an und kläre die Leute auf. Diese winden sich verbal hin und her, weshalb unbedingt ein Arzt nötig sei; geduldig erkläre ich, dass es nicht um Medizin, sondern um eine lapidare Ergänzung der Nahrung geht, und komme zu dem Schluss: Es geht um den Status des QM. Man will nichts falsch machen und nicht schuld sein, wenn zum Beispiel eine Brausetablette unangenehme Nebenwirkungen auslöst. Ist solchen Leuten denn nicht bekannt, dass Menschen wie Tina nicht ohne weiteres eine Arztpraxis betreten, dass unsere Ärzte wahrlich genug zu tun haben und dass unsere Wohnheime nicht gerade mit Personalüberschuss gesegnet sind, um mit Bewohnern wegen jeder Nichtigkeit beim Arzt vorstellig zu werden?

Und werden Personal und Betreuung nicht geradezu entmündigt? Sie kennen doch ihre zu Betreuenden. Sie würden doch bemerken, wenn jemand wie Tina ein bestimmtes Ergänzungsmittel nicht verträgt. Wozu also solch einen Aufwand treiben, indem man mit Tina extra eine überfüllte Praxis aufsucht, sie dort in Schach hält und den Arzt mit einer solchen Lappalie geradezu belästigt?

Der Zufall will es, dass wir in unserem Freundeskreis mit Ärzten reichlich gesegnet sind, sodass ich bei jeder Maßnahme ein ganzes Bündel an Verordnungen auf den Tisch legen könnte. Aber die Ironie träfe mit den Mitarbeitern des Wohnheims die Falschen, denn sie werden ja genauso entmündigt wie ich.

Es bleibt die folgende Erkenntnis: Es geht nicht immer unbedingt um Vernunft und Diskussion auf Augenhöhe. Früher gab es kein Qualitätsmanagement. Mein Fazit: Die Gesetzeslage reicht völlig aus. Man würde besser in mehr Personal investieren als in so viele Bürokräfte, die das „Bodenpersonal" ausbremsen. Denn hier kommen wir gleich zur nächsten Krux: dem berechtigten Stöhnen der Mitarbeiter, weil sie alles aufschreiben sollen, anstatt ihre Zeit voll und ganz den zu Betreuenden zu widmen. In den allermeisten Fällen sitzt der Betreuer, wenn wir Tina besuchen, in dem kleinen Büro im Parterre des Wohnheims vor dem PC. Alles muss notiert werden. So verlangt es das Qualitätsmanagement.

Warum QM? Haben die Menschen etwa keine eigene Vernunft, um zu tun, was getan werden muss? Als Lehrerin weiß ich, dass in Schulen bereits *vor* der Geburt des Qualitätsmanagements gelernt wurde. Und ich kann versichern, dass nicht nur mein Kollegium einschließlich der Schulleitung milde über die Vertreter des QM gelächelt hat: wegen ihres weltfremden Auftretens, der Begutachtung von unterrichtsfernen Lappalien, der mangelnden Effektivität ihres Ansinnens. Mit anderen Worten: QM und Praxis können meilenweit voneinander entfernt sein. Klingt hart – entspricht aber meiner Erfahrung. Dass es auch viele positive Erfahrung mit QM gibt, sei natürlich nicht in Abrede gestellt.

QM dient der Kontrolle und ist ja nur zu unser aller Sicherheit, wird gesagt. Würde ein Betreuer wirklich querschießen *wollen*, könnte ihn ein QM daran hindern? Mit Sicherheit nicht! Zumindest nicht ohne weiteres.

Sämtliche mir bekannten Mitarbeitenden in Tinas Wohnheim sind selbstredend in der Lage, auf Basis ihrer Erfahrung und ihrer Ausbildung sinnvoll zu agieren. Sie sind lebenserfahren. Und kommt jemand neu dazu, wird er eingewiesen bzw. angelernt. Die meisten arbeiten schon lange in Wohnheim-Einrichtungen und wissen alltägliche Phänomene und Probleme einzuschätzen.

Es ist, wie so oft, dieselbe Erkenntnis: Zu viele Häuptlinge – zu wenig Indianer. Letztere schaffen im Wesentlichen oftmals nur satt und sauber. Im Klartext heißt das, dass sie die Menschen mit Behinderung versorgen, ihre Windelhosen wechseln und sie pflegen, was waschen/baden heißt, Medikamente verteilen und vieles mehr. Bei weniger Häuptlingen und mehr Indianern fiele vielleicht öfter mal Zeit für einen kleinen Ausflug an.

Ach ja!

Um des lieben Friedens willen, eigentlich, damit Tina per Nahrungsergänzungstabs endlich ein paar Extra-Vitamine erhält, habe ich brav und demütig ein Rezept beigesteuert. Einmal Bittsteller – immer Bittsteller. Eine Grunderfahrung für Eltern mit behindertem Kind. In diesem Fall: nur durch gehorsames Befolgen auch unsinnig erscheinender Anordnungen schafft man es, für seinen Angehörigen mit Behinderung wichtige Dinge in Gang zu setzen. Klar, dass sich der Arzt über die Maßen über einen solchen Unsinn wunderte und zunächst gar kein entsprechendes Rezept ausstellen wollte, weil es sich ja nicht um ein Medikament handelte. Erst als ich eine Erklärung für mein Anliegen mit Anordnung, Behörde und Qualitätsmanagement formulierte, überwand er sein Kopfschütteln und schrieb los. Dabei murmelte er so etwas wie „*Vernunft zählt nicht unbedingt zu den behördlichen Tugenden …*“

KAPITEL 13

DIE FLUCHT NACH VORN

Wer etwas will, findet Wege.
Wer etwas nicht will, findet Gründe.
Dalai Lama

Wenn es Frau Schmitz nicht bereits gäbe, müsste man sie erfinden. Ich lernte sie durch eine Kettenreaktion von Zufällen kennen: Eines Tages hatten wir keine andere Wahl, als umzuziehen. Unsere neuen Nachbarn erfuhren von Tina, kannten eine ungewöhnliche Frau und luden sie gemeinsam mit uns ein, damit wir diese besondere Person kennenlernen konnten.

Aber der Reihe nach!

Wegen offenbar psychisch kranker, zumindest angeschlagener und leider sehr boshafter Nachbarn haben wir unser Haus aufgegeben. Das klingt fast nebensächlich, wenn man bedenkt, wie riesengroß diese Entscheidung gewesen ist.

Hier lebten wir seit 27 Jahren mit unseren drei Kindern. Das zentral gelegene Haus hatten wir wegen Tina gekauft, um der

Gefahr zu entgehen, als Mieter eine Kündigung aufgrund ihrer Behinderung zu kassieren. Wegen der stadtnahen Lage genossen unsere beiden anderen Töchter den Vorteil bequemer, eigenständiger Mobilität, was uns in Anbetracht der zahlreichen therapeutischen Maßnahmen für Tina in zum Teil größeren Entfernungen besonders wichtig war. Schulen und Einkaufsmöglichkeiten einschließlich einer kleinen Fußgängerzone zeichnen das Wohnviertel aus. Im direkten Umfeld fanden wir gute Freunde.

Alles in allem konnte man sich aufgehoben fühlen – hätte es nicht Wand an Wand Missgunst gegeben, die im Laufe der Jahre in blanken Hass umschlug; ätzend, voller Heimtücke und auch für die anderen Nachbarn im unmittelbaren Umkreis völlig unverständlich. Es wurde an die Wände gehämmert – auch nachts. – Die Frau schrie uns durch die Wände aufs Übelste an, weil sie Maschinen hörte, die es logischerweise nicht gab. Sie positionierte an die Wand zu uns Radios und stellte die Sender knapp falsch ein. Das Ganze in ziemlicher Lautstärke, aber unterhalb der Dezibel, die für eine polizeiliche Beschwerde gereicht hätte. Telefonterror, haarsträubende Lügen und nächtliche Attacken hielten wir nach über zehn Jahren nicht mehr aus. Eine gute Freundin, die zufälligerweise sowohl Radio als auch ein Schrei-Manöver mitbekam, bezeichnete das Verhalten aus ihrer christlichen Sicht als teuflisch.

Warum wir es überhaupt so lange ertragen haben?

Wer etwas nicht will, sucht Gründe, sagt der Dalai Lama. Und die gab es reichlich und schwerwiegend.

Weil wir das Haus aufwändig umgebaut haben; weil es sich um das Elternhaus unserer Kinder handelte und vor allem, weil Tina kaum einsehen würde, wenn wir plötzlich ein anderes Domizil bewohnten. Seit ihrem siebten Lebensmonat war sie *hier* aufgewachsen und hatte ein eigenes Zimmer mit Deckenschaukel und Hochbett. Hier kannte man sie und akzeptierte sie als unsere besondere Tochter. Wir hatten Sorge, dass sie ein fremdes Haus nicht betreten würde. Also machten wir uns auf, dem aggressiven Verhalten der Nachbarn irgendwie Abhilfe zu schaffen, ohne unser Haus aufgeben zu müssen.

- Der Rechtsanwalt sagte: „*Ärger mit Nachbarn gibt es häufig. Meine Eltern zum Beispiel …*" Es folgte eine hanebüchene Story. Zum Schluss sagte er: „*Ziehen Sie weg! Haben meine Eltern auch getan. Von einer Klage muss ich Ihnen abraten. In Deutschland gibt es keinen verlässlichen Opferschutz.*"
- Wir machten einen Termin im Polizeipräsidium. Der Polizist sagte: „*Es ist ja bislang nichts passiert, was Leib und Leben in Gefahr bringt. Solange Sie kein Messer im Rücken haben, können wir nichts machen. Sie sind ja nicht die Einzigen …*" Wieder folgten Andeutungen, dass die Polizei oftmals wieder abziehen muss, weil es juristisch keine Handhabe gegen ein solches Verhalten gäbe, wie wir es erlebten.
- Der sozialpsychologische Dienst riet uns: „*Wir können nur handeln, wenn besagte Nachbarn Hilfe erbitten. So etwas geschieht aber höchst selten.*" Natürlich war das ausgeschlossen, denn die hassten uns, weil wir Kinder haben und sie nicht – so der Kommentar der Frau im O-Ton in einer klaren Minute. „*Geben Sie Ihr Haus auf und beginnen Sie an einem anderen Ort neu!*", empfahl die erfahrene Sozialpsychologin und holte zu einer Geschichte über eine gute Bekannte aus, die Ähnliches durchgemacht hatte.

Unsere älteste Tochter, zu jener Zeit 34 und selbst mit Mann und zwei Kindern gesegnet, schlug eines Tages vor, die Häuser zu tauschen.

Wer etwas will, findet Wege.

Es stand also alles auf Neubeginn.

Wir packten Kleidung und was wir für unsere Arbeit benötigten in Koffer, Kisten und Kästen – genau wie unsere älteste Tochter und ihre Familie - und fuhren die Dinge mit drei Wagenladungen hin und her. Die plötzliche Betriebsamkeit und das Gefühl einer notwendigen Wohn-Veränderung machten die Entscheidung auf einmal zum Abenteuer.

Schon am nächsten Wochenende nach dem schwerwiegenden Vorschlag des Häusertauschs wohnten wir also wie weiland zur Miete, und unsere Älteste zog mit ihrer Familie in unser Haus, wohl wissend, was sie da eingetauscht hatte. Aber die jungen Leute bewiesen Nervenstärke, wurden auch von den übrigen Nachbarn unterstützt. Wenn sich unsere Tochter in ihrem Arbeitszimmer konzentrieren musste, zog sie halt Kopfhörer an, damit Radio und aggressive Beschimpfungen sie nicht ablenkten. Dass unser Schwiegersohn durch die Wand mit den Worten: *„Geh zurück nach Istanbul!“*, angeschrien wurde, soll hier als ein Beispiel für den geistigen Horizont der besagten Nachbarin angeführt werden.

Wir waren also weg!

Nun hatten wir mit einem Mal sehr liebe Nachbarn, das Leben wurde langsam wieder normal, auch wenn wir nun in der studentischen Einrichtung von Tochter und Schwiegersohn auf unsere eigenen studentischen Wurzeln zurückgeworfen waren. Das Provisorium machte uns allerbeste Laune, denn niemand hämmerte an die Wand, auf dass das Haus wackelte, niemand schrie auf uns ein, keine Fehlsender schallten in unsere Richtung und selbstredend gab es keinen Telefonterror. Es war April und die zahlreichen und riesengroßen Forsythien blühten in sattem Gelb wie für unseren Neubeginn bestellt.

Die einzige und leider riesengroße Sorge galt Tina.

Wie würde sie es verkraften, Papa und Mama dort zu besuchen, wo eigentlich die große Schwester wohnte? Und warum holten wir sie ab und es ging in dieses ihr recht fremde Domizil anstatt nach Hause? So wie sonst immer, wenn Papa und Mama die kleine Reisetasche für ein Wochenende in Aachen gepackt hatten, um anschließend die bekannte Strecke Richtung Heimat zu fahren?

Wieder einmal hatte ich schlaflose Nächte, hielt mir aber vor, dass uns keine andere Wahl geblieben war, als zu flüchten – und dass es irgendeine Lösung geben würde, auch wenn ich diese im Moment noch nicht sah.

Wie so oft, wenn es heikel wird, wandte ich mich an Rosi, Tinas Reittherapeutin und erfahrene Pädagogin an der Förderschule, in der sie Tina als Schulkind kennengelernt hatte. Ihre zündende Idee bestand darin, dass nicht *wir* Tina von dem etwa 80 Kilometer entfernten Wohnheim abholen würden, sondern *sie* käme mit Tina gen Aachen gefahren. Hierdurch bekäme die Besuchssituation einen anderen Rahmen, und die Chancen stünden gut, dass Tina zumindest das Haus betreten würde, da sie immerhin schon zweimal dort gewesen sei, um die große Schwester zu besuchen.

Wir benachrichtigten das Wohnheim, erklärten die veränderte Situation, schickten Fotos, auf denen Papa und Mama vor dem „falschen" Haus standen, und die Betreuer erklärten Tina durch Gebärden, dass ihre Eltern mit der großen Schwester getauscht hätten. Dabei hielten sie ihr die Fotos unter die Nase.

Natürlich backte ich Tinas Lieblingskuchen, mit dem ich sie ins Haus locken wollte, falls sie nicht freiwillig eintreten würde. Und genauso natürlich erwartete ich mit Herzklopfen den folgenden Samstag, an dem Rosi mit Tina vorfahren würde.

Es passierte – nichts. Keine von all diesen Bedenken erfüllten sich.

Tina lief mit einem der Fotos in der Hand auf uns zu, die wir wie ein Empfangskomitee im Eingang standen, und lachte. Rosi kam hinterher, und bald saßen wir um den Esstisch, futterten den Kuchen und tranken Kaffee, als wäre nichts geschehen. Rosi fuhr irgendwann nach Hause, und Tina ließ sich zu gegebener Zeit bereitwillig in Mamas Bett bringen. Ich schlief neben ihr, mein Mann verzog sich aufs Sofa. Tina hatte ohne Murren nicht nur das befremdliche Haus akzeptiert, sondern auch, dass sie kein eigenes Zimmer mehr besaß.

Wieder einmal wurde deutlich, wie flexibel unsere Tochter mittlerweile sein kann. Und ja – ich glaube, dass sie ganz einfach verstanden hat, dass Menschen schon mal umziehen, dass sich auch langjährige Gewohnheiten ändern können, und dass das nicht bedrohlich sein muss. Die Entwicklungspsychologie nennt es Urvertrauen. Und es spricht sicher nichts dagegen, wenn das *Ur* nicht von Anfang an da ist, sondern in kleinen Portionen heranwächst.

Zwei Jahre nach unserer Flucht sind übrigens auch besagte Mieter von nebenan weggezogen. Vermutlich war ihnen der Lebensinhalt, ihren Frust über die Nachbarn zu kübeln, durch unsere Flucht abhanden gekommen, meinte jemand aus unserer ehemaligen Wohnstraße. Im Grunde waren sie wohl krank und bedürftig; Menschen, die ohne Liebe und Nähe auskommen müssen. Anders kann man es sich nicht erklären.

Zum Glück gab es dann tatsächlich Wege, unseren neuen Lebensabschnitt in einem anderen Domizil auch im Sinne von Tina umzusetzen und zu gestalten. Wir sind unglaublich erleichtert und froh.

Doch eigentlich wollte ich von Uscha Schmitz erzählen …

KAPITEL 14

USCHA

Uscha Schmitz lernte ich also durch unsere jetzigen Nachbarn kennen. Bei Kaffee und Kuchen ermunterten sie Uscha dazu, ein wenig von sich zu erzählen. Es wurde ein langer Kaffeeklatsch, der bis in den fortgeschrittenen Abend reichte und zwei weitere Treffen nach sich zog, bei denen ich Uscha ausführlich interviewt habe.

Warum Uschas Geschichte hierher gehört?

Weil mir noch einmal bewusst geworden ist, wie häufig Menschen von Behinderung betroffen sind, weil sie unter unsagbar ungünstigen Bedingungen in ihr kleines Leben starten. Weil sie niemand haben will, weil sie misshandelt werden, weil man sie wegsperrt, weil man sich nicht um sie kümmert. Solche Kinder haben kein Elternhaus abbekommen, das diese Bezeichnung verdient.

Uschas Geschichte zeigt aber auch eindeutig, dass spätestens für die übernächste Generation solcher vom Schicksal benachteiligter Menschen die erdrückende Hypothek abbezahlt sein kann und die Enkel ein Leben mit Bindungsfähigkeit, sozialem Erfolg und Glücksempfinden führen können, wenn die Großeltern als Kinder zu jemandem wie Uscha gefunden haben. Durch das

Leben bei ihr hat sich für viele Kinder zumindest ein Teil der Entwicklungsverzögerung, des Fehlverhaltens, der Folgen mangelnden Urvertrauens abbauen können. Und so kann sich mit jeder folgenden Generation immer stärker ein Leben durchsetzen, das von dem geprägt ist, was man landläufig unter Normalität bucht.

Uschas Leben würde ein dickes Buch füllen. Weil es so besonders ist, folgt hier zumindest ein Einblick. Den Wortlaut habe ich weitgehend aus unseren Gesprächen übernommen, weil das Uschas Entscheidungen über ihren besonderen Lebensweg und ihre Ansichten so überzeugend zum Ausdruck bringt.

Uscha, mittlerweile hat sie die 80 überschritten, übte ihren Beruf als Sozialarbeiterin mit großem Engagement beim Sozialdienst katholischer Frauen (SkF) aus. Ihr Aufgabenfeld umfasste problematische Familien mit vernachlässigten Kindern sowie Kinder, die in Heimen untergebracht waren. Für zahlreiche Kinder wurde sie vom Jugendamt als Vormund bestimmt (heute Betreuer). Sie kümmerte sich auch persönlich um ihre Schützlinge; eine reine Papierbetreuung gab es damals noch nicht. Eines Tages erreichte sie eine Nachricht vom Vormundschaftsgericht: man hatte sie als Vormund von sechs Geschwistern bestimmt, die im Heim lebten. Eine Perspektive, zur Mutter zurückzuziehen, gab es nicht. Väter, die als Erzieher ihres jeweiligen Kindes getaugt hätten, waren nicht vorhanden. Insofern lautete die Zukunft für die Geschwister: dauerhafte Heimunterbringung.

Die Kinder waren Uscha bereits von der Familienbetreuung her bekannt; sie hatten in Notunterkünften gelebt, wo Uscha sie des Öfteren besucht hatte. Die Älteste war häufig beim SkF aufgetaucht, um nach Lebensmitteln zu fragen, weil nie etwas zu essen zu Hause war. Nun lebten die sechs im Heim, wo Uscha sie besuchte: zu Geburtstagen, zu Jahreszeitenfesten, an Wochenenden. Nach einiger Zeit durften die Geschwister ab und an auch sie besuchen. Da kamen sie auf folgende Idee: *Warum kannst du nicht unsere Mutter sein?*

Die Heimerziehung war in den 70er Jahren in eine große Krise geraten. Allein die Verschickungsheime, in die Kinder zur Erholung gesteckt wurden, waren für viele traumatisch. Die Heime zur dauerhaften Unterbringung gelten aus heutiger Sicht als noch traumatisierender. Vor etwa 50 Jahren begann man zunehmend pädagogisch zu denken und ging nicht mehr zwingend davon aus, dass Kinder verhaltensauffälliger Eltern ebenfalls „schlechte Menschen" sind. Zusammenhänge zwischen dem Versagen der Eltern, Berufsunfähigkeit und problematischer Persönlichkeit wurden hergestellt und analysiert; die damals noch sehr rigide Heimerziehung machte man unter anderem für die Beziehungsunfähigkeit von Heimkindern auch im späteren Alter verantwortlich. Beziehungsunfähigkeit galt als eine mögliche Variante von geistiger Behinderung.

Auch die sechs Kinder im Heim unterstanden einer total überforderten Schwester; sie haben in vielen Situationen unsäglich gelitten. Beispielsweise hatte man eins der Kinder, das öfter ungehalten auf Anweisungen reagierte, nächtelang im Klo eingesperrt. Damals bedachte man nicht, was dieses Kind aufgrund der völlig desolaten Zustände bei der Mutter bereits hinter sich hatte. Ein anderes hatte einmal die Kartoffeln zu dick geschält und bekam zu Mittag nur die Schalen zu essen. Andy, eins der sechs Geschwister, war in einem Heim, wo nicht mit Säuglingen geredet werden durfte; tat man es doch, wurde man bestraft; so auch Andy, als er ein Baby zum Lachen bringen wollte.

Alles in allem waren es schlimme Zustände in dem Kinderheim: Man hatte einer Frau die Leitung überantwortet, die wegen ihres unerträglichen Verhaltens auf der Kinderstation im Klinikum nicht mehr gelitten war; entsprechend streng und trostlos war ihr Umgang mit den Kindern. Niemals hatte jemand im Heim mit den Kindern gespielt; Liebe kannten sie nicht. Waren die Kinder bei Uscha zu Besuch, zeigten sie sich von der besten Seite. Eines Tages fragten sie: *„Warum müssen wir eigentlich ins Heim zurück?“* Und sie wiederholten ihre Idee: *„Du kannst doch unsere Mutter sein!“*

Die Umstände entwickelten sich zu ihren Gunsten, denn beim Landschaftsverband Rheinland (LVR) kam der Gedanke auf, man solle besser kleine familienähnliche Gruppen bilden für Kinder, für die es kein Zurück zur Mutter oder in die ursprüngliche Familie gab, anstatt sie bis zur Volljährigkeit in Heimen unterzubringen.

Uscha besprach mit Vertretern des LVR, wie das gehen könnte, mit den Kindern zusammenzuwohnen; eine Ausbildung als Sozialarbeiterin besaß sie ja. Das städtische Jugendamt aber stellte sich quer: *Wo kommen wir hin, wenn wir allen Kindern so ein Zuhause geben?*

Doch der LVR gab seine Zustimmung und stellte damit den Einwand des städtischen Jugendamts hintan. Die Kinder zogen bei Uscha ein. Vor dem ersten Besuch der kontrollierenden Instanz sagte sie zu ihnen: *Was soll ich denen vom LVR denn jetzt sagen, wenn ihr außer Rand und Band seid?* Die sechs sahen ein: *Jetzt können wir nicht mehr sagen, das Heim ist schuld, wenn etwas nicht klappt.* Eine gute Einsicht und beste Voraussetzung für das neue Leben, das für Uscha manche Herausforderung bereithielt, zumal bald auch noch zwei autistische Kleinkinder ihrer Nichte bei ihr einzogen.

Glücklicherweise entpuppte sich Uschas Vater von Anfang an als großartiger Großvater. Er wurde von den Kindern geliebt. Egal, ob Streit, Tohuwabohu und Chaos herrschten – die Kinder freuten sich immer auf Opa. Wenn es zu Hause ganz schlimm wurde, rief Uscha ihren Vater an und fragte ihn, ob er nicht mal vorbeikommen könnte. Opa kam, und dann waren alle lieb und glücklich, erzählt Uscha. Opa verstand Spaß, spielte mit den Kindern, konnte gute Atmosphäre verbreiten. Das war auch wichtig, denn Freunde und Nachbarn wendeten sich bald ab. Man könnte meinen, jemand wie Uscha kenne keine Einsamkeit. Doch das Gegenteil war der Fall. „Trotz oder gerade wegen der vielen Kinder ist man durchaus einsam“, sagt Uscha. Denn manch einer habe geäußert: *„Was du dir aufgehalst hast, damit musst du auch alleine klarkommen.“* Die Freunde zogen sich zurück, weil sie es nicht mehr hören konnten, wenn es um Probleme ging. Auch gute Freunde klagten: *„Seitdem die Kinder bei dir leben, hast du so vieles an Schwere.“ „Und dann waren sie weg“*, sagt Uscha schlicht. Ein Nachbar monierte, dass wegen der Kinder die Grundstückspreise in unmittelbarer Nähe fielen; sie solle mit den Kindern woanders hinziehen. So viel zum sozialen Umfeld und zum Thema Freundschaft.

Aus ihrer Zeit als Sozialarbeiterin kannte Uscha *eine besonders arme Socke*, wie sie es ausdrückte. Der kleine Junge war in einer Abstellkammer untergebracht und hatte aus lauter Einsamkeit und Langeweile sein Gitterbettchen an allen Ecken und Kanten abgeknabbert. Das völlig vernachlässigte Kind kam zu Pflegeeltern und hatte es gut dort. Die Pflegeeltern waren inzwischen allerdings alt und damit leider so „baufällig“ geworden, dass sie nicht länger für den Jungen sorgen konnten. Also wechselte er, mittlerweile im Grundschulalter, zu Uscha.

Ein weiteres Kind lag Uscha am Herzen, denn es fanden sich keine Pflegeeltern. Dieser Junge war aufgrund der sozialen Umstände stark entwicklungsverzögert und galt als geistig behindert. Die Heimleitung fragte Uscha, ob sie dieses Kind wirklich bei sich haben wolle. Sie hätten „interessantere“ Kinder. Doch Uscha nahm den Jungen auf und hat es nie bereut, denn er wurde zu einem besonders fröhlichen Menschen.

Eines Tages traf er seinen kleinen Bruder in der Stadt. Der hatte adoptiert werden sollen, doch weil er chronisch krank war, schlug jede Adoption fehl. Ihn wollte keiner. Da sagte sein Bruder: *„Wir haben eine neue Mutter. Am Samstag kommen wir dich holen.“*

Als die Heimleitung erklärte, dass der Junge ohnehin bald sterben würde und man ihn ruhig im Heim lassen solle, meinte Uscha: *„Dann wollen wir es ihm in der verbleibenden Zeit ganz besonders schön machen!"*, und nahm den Kleinen mit. Klar, dass sich die Brüder freuten, ab jetzt zusammen sein zu dürfen – dazu in einer für sie richtigen Familie.

Mittlerweile hat der Junge, dem nur noch eine kurze Lebenszeit prognostiziert worden war, die 50 überschritten. Er bezieht Rente, hat eine nette Partnerin, mit der er eisern spart, um jedes Jahr einen schönen Urlaub zu machen. Natürlich schickt er Uscha immer eine besonders hübsche Ansichtskarte – und wie die anderen auch kommt er mit seiner Freundin oft zu Besuch; an Weihnachten sowieso.

Ein Mädchen der ersten Geschwisterriege wurde früh schwanger und man riet ihr, abzutreiben. Es reagierte mit den Worten: *Ich hab ja eine Mutter; mein Baby kann hier auch noch groß werden.* Also brachte sie ihr Kind zur Welt. Bis zu seinem zehnten Lebensjahr lebte es nun ebenfalls bei Uscha und ist in der angewachsenen Familie tief verwurzelt. Genau wie die beiden Kinder von Uschas Nichte im Autismus-Spektrum, die die zwei aufgrund ihrer eigenen Behinderung nicht selber aufziehen konnte. Das Mädchen hat Uscha durch stundenlanges Schreien an den Rand der Verzweiflung gebracht. Der Bruder, mittlerweile um die 50, lebt immer noch bei ihr.

Uscha ist sich sicher, dass sie *das alles* ohne Gott nicht geschafft hätte. Manchmal habe sie sich den Spruch von Jesus ins Gedächtnis gerufen: *Was immer ihr für einen meiner Brüder getan habt – und wäre er noch so gering geachtet gewesen –, das habt ihr für mich getan* (Matthäus 25,40). Dann habe sie gestanden: *Gott, und auch wenn ich das alles für dich tu, 'ne Faust mach ich jetzt trotzdem!*

Doch sie hat nicht nur die Faust in der Tasche geballt, sondern beschlossen, für die Kinder aus therapeutischen Gründen

Haustiere, Kaninchen und einen Hund anzuschaffen. Eine Katze war ihnen bereits zugelaufen. Die Kinder sollten so lernen, Verantwortung zu übernehmen. Sie rief beim Tierheim an und man teilte ihr mit, dass ein lieber Hund ein neues Zuhause suche. Doch im Tierheim angekommen, entschied Uscha, dass dieser Mischling viel zu groß war. Da auch kein anderer Hund infrage kam, ging Uscha zurück zum Auto, um wieder nach Hause zu fahren.

Doch eins der Kinder hatte die Beifahrertür offengelassen. Nun saß der große Hund auf dem Beifahrersitz und blickte Uscha an, als wolle er sagen: *Fahr los; ich komm mit.* Und Uscha fuhr los.

Gleich am ersten Abend legte sich der große Hund zu Marie ins Bett, der autistischen Tochter von Uschas Nichte, die manchmal stundenlang schrie. Das Mädchen, das übrigens kein Wort sprach, und der große Hund haben Rücken an Rücken geschlafen. Ein ganzes Jahr lang. Danach konnte Marie Berührung ertragen.

Autismus ist keine Katastrophe, sagt Uscha. Man muss an diese Menschen glauben und ihre Stärken herausfinden. Sie habe eine Mutter erlebt, die wütend war, weil ihr Kind niemals mit ihr, sondern nur mit einem kleinen Auto sprach. Uschas Tipp für die verzweifelte Frau: „*Wenn auch Sie mit dem kleinen Auto sprechen, wird Ihr Kind eines Tages auch mit Ihnen sprechen.*“ Und genau so kam es. Es lohne sich, mit solchen Kindern zu leben und zu arbeiten, ist Uscha überzeugt.

Einer ihrer Jungs wollte gerne ein Bild „von dem am Kreuz“ haben. Uscha suchte ein schönes Jesusbild aus. „Nein, ich will eins, wo der richtig am Kreuz hängt.“ Als Uscha nach dem Grund fragte, sagte der Junge: „Weil: so gelitten hab ich auch – doch ich hab Glück gehabt, weil ich nicht ans Kreuz musste, sondern bei dir gelandet bin.“

Dieser Junge, ich nenne ihn Tommi, kam mit drei Jahren zu Uscha, wo er sich voller Angst unter dem Tisch verkroch; die anderen acht Kinder haben wegen Tommis Leid geweint und gesagt: *Er soll bei uns leben; wir kriegen ihn schon wieder hin.*

Tommi war schwer misshandelt worden. Unter anderem wegen Einnässens hatte der Freund der Mutter den Kleinen mit nacktem Po auf eine heiße Herdplatte gesetzt. Als er nun bei Uscha einmal mit einem Finger an die noch heiße Herdplatte kam und sich verbrannte, schrie er ohne Ende. Micha, einer aus der „Urgruppe", hat Tommi zwei Stunden auf dem Arm herumgetragen und gesagt: *„Der schreit jetzt alles raus, was er früher* (bei den Misshandlungen – Anmerkung der Verfasserin) *nicht getan hat." „Wie verständig und klug Micha das eingeschätzt hat"*, meint Uscha. Tommi hatte damals darauf bestanden, dass gleich neben der Haustüre ein riesiger Knüppel stand. Jahrelang musste Uscha diesen großen Knüppel dort stehen lassen als Waffe gegen den misshandelnden Freund von Tommis Mutter. Für den Fall, dass er käme, um den kleinen Jungen wieder zu quälen …

Es gibt etliche solcher Beispiele, in denen es um Fürchterlichkeiten gegen die Kinder geht. Kein Wunder, dass nachts meist bis zu drei Kinder zu Uscha ins Bett krochen. Wer zu spät kam, zog maulend wieder ab. Zumindest fand die Katze immer noch ein freies Fleckchen in dem bereits überbelegten Bett …

Uscha hat nie geguckt, was die Kinder *nicht* konnten, sondern immer versucht, das Positive in ihnen zu sehen und *das* anzusprechen. Auch habe sie keine Zeit verschwendet mit Nachhilfe oder anderen schulischen Dingen. Den Kindern fehlte Liebe; alles andere erschien ihr zweitrangig. So hat sie mit den Kindern gespielt, Ausflüge gemacht, ist mit ihnen in Urlaub gefahren. Mit allen acht reiste sie in ihrem alten Peugeot Familiale nach Holland, bepackt bis unters Dach. Dort sind sie in einer Jugendherberge untergekommen. Mit dem Zug waren sie unter anderem in Florenz, Rom, Taizé.

Sie hatten immer viel Spaß, haben viel Interessantes erlebt. Und natürlich habe Uscha teilgenommen an den Fortschritten, an dem, was ihre Kinder irgendwann konnten. *„Als Heimkindern fehlte ihnen die Grundlage zum Leben: Liebe."*

Das Lieblingslied eines der sechs Kinder, mit denen alles begann, war ein Song der Kelly-Family:

Ein Vogel kann im Käfig nicht fliegen
Ein Vogel braucht zum Fliegen die Freiheit …

Trotzdem findet Uscha, dass die Heimkarriere den Kindern etwas Positives vermittelt hat: „Sie lernten früh, dass es trotz Misserfolgen weitergeht."

Uscha hat um Verständnis für die leiblichen Eltern geworben; hat versucht, ihr Fehlverhalten zwar nicht zu entschuldigen, aber die Ursachen zu erklären. „Eure Eltern hatten niemanden, der ihnen beigebracht hat, wie man eine Familie pflegt – auch sie sind Opfer eines schwierigen Lebenswegs, hatten selber kein gutes Zuhause; ihr habt Glück, dass ihr hergefunden habt. Und ich hab Glück, dass ich euch gefunden hab."

Alle Kinder lebten immer so lange bei Uscha, bis sie erwachsen waren. Heute wohnen noch zwei über 50-Jährige bei ihr. Aufgund ihrer Behinderungen können sie ihren Alltag nicht alleine bewältigen. Zwei leben ab und an bei Uscha und einige am Wochenende. Inzwischen kommen auch die Enkel und Urenkel zu Besuch. Samstag/Sonntag und an Feiertagen ist das einfache, überschaubare Reihenhaus jedenfalls voll.

An Heilig Abend kamen auch letztes Jahr alle zu Besuch, so dass 19 Personen im engen Wohnzimmer saßen. Einer hatte seinen verwitweten Vater mitgebracht, ein anderer seine Partnerin, einer hatte seine Enkel dabei. Uscha erwähnte: „Ich kann euch nicht garantieren, dass wir nächstes Jahr noch so zusammen sein können." Die versammelte Truppe war entsetzt: „Bist du noch zu retten? Wir wollen weiterhin mit dir Weihnachten feiern. Und wenn du sonst nichts mehr kannst; die Weihnachtsgeschichte vorlesen aus der Bibel, das wirst du noch können!"

Der letzte Gast ging gegen 23.30 Uhr.

KAPITEL 15

ZUR RICHTIGEN ZEIT AM RICHTIGEN ORT

Vielleicht sind auch Ihnen, liebe Leserinnen und Leser, Geschichten bekannt, die dazu taugen, dass man urplötzlich ahnt, was es mit Engeln auf sich haben könnte. Für mich sind es Wesen, die dann zur Stelle sind, wenn sonst keiner da ist, an den man sich halten kann. Solche Momente haben mit großer Not zu tun; mit einem mentalen Krater, in dem man feststeckt; mit einem Gefühl von Aussichtslosigkeit, die sich zwar nicht komplett ins Gegenteil verkehrt, aber einen eben doch nicht mehr ganz so ohne Licht am Ende des Tunnels stehen lässt.

Hier ein paar persönliche Erfahrungen:

Ich liege zutiefst verzweifelt im Krankenhaus, mein Baby verkabelt und ohne jede Bewegung seines winzigen, schlappen Körpers etliche Kilometer von mir entfernt: im großen Klinikum auf der Säuglingsintensivstation. Wegen des Kaiserschnitts kann ich nicht das Krankenhaus wechseln und bin also ohne mein Baby, dessen kleines Leben am seidenen Faden hängt. Es muss sich dort ohne mich ins Leben helfen lassen. Ich kann ihm nicht beistehen, kann es nicht in meinen Armen wiegen. Eine Vorstellung, die ich auch heute noch unerträglich traurig finde.

Mitten in meinen düstersten Lebensmoment, in dem ich ans Bett gefesselt bin und tatenlos abwarten muss, was aus Tina und ihrem kleinen Leben wird und ob sie es überhaupt schafft, eines Tages selber zu saugen und zu schlucken, um irgendwann ein paar Gramm zuzunehmen, schneit Freund Klaus mit einer mir unbekannten Frau im Schlepptau in mein Krankenzimmer. Sie sind eigens aus 150 Kilometern Entfernung angereist. Die Dame kommt an mein Bett, gibt mir die Hand und reicht mir ein Geschenk.

„Herzlichen Glückwunsch zu Ihrer Tochter!"

Mechanisch sage ich: „Danke", und wundere mich, wie mir jemand so fröhlich zu meinem Baby gratuliert, dessen Leben am seidenen Faden hängt.

„Es ist nicht so schlimm, wie Sie jetzt vielleicht denken", sagt die Frau. „Unser Sohn ist auch so gestartet. Jetzt ist er fünf und ein absolut munteres Kind."

Sie zeigt mir ansprechende Aufnahmen von einem niedlichen Jungen, der durch den Garten rennt, in einem Gehege mit Ferkeln steht, von denen er eins auf dem Arm hat; der auf einem Trecker sitzt oder am Esstisch hockt. Und dann zieht sie ein Album aus der Tasche mit Bildern, wie alles angefangen hat – ein winziges Baby mit lauter Kabeln: durch ein Nasenloch, in einer Vene am Kopf, EKG-Kabel über den kleinen Körper verteilt, die gebündelt unter dem Hemdchen hervorquellen. Ich packe das Geschenk aus. Es ist eine hübsche Rassel mit einem schlanken Holzgriff, mit dem Tina lange Greifen üben wird. Die Frau bleibt den gesamten Nachmittag, beantwortet jede meiner Fragen, erzählt von zunächst unüberwindbar erscheinenden Schwierigkeiten, die dann doch gemeistert werden konnten.

Als ich zwei Tage später per Rollstuhl und mit dem Auto ins Klinikum gefahren werde und mein Baby endlich besuchen kann, bin ich zwar immer noch erschrocken, wie bewegungslos und verkabelt meine Kleine dort liegt, aber wenigstens durch die Fotos vorgewarnt. Ich weiß also, was mich erwartet. In meinem Kopf kreisen Bilder, auf denen ein kleiner Junge munter Dinge erlebt. Sie tragen dazu bei, dass ich Mut schöpfe. Schon bald würde ich Tina umhertragen, ihr die Welt zeigen, sie anlächeln, bis sie zurücklächelt.

Tina ist etwa ein Jahr alt und wir freuen uns, dass sie im Kinderwagen sitzen kann und nicht mehr zur Seite wegkippt. Das Wetter ist herrlich, also schieben wir mit unserer winzigen Tochter zur Eisdiele. Zu dieser Zeit bilde ich mir noch ein, ich könnte meine Kleine mit ganz viel Therapie so hinbekommen, dass sie beinahe normal rüberkommt. Im Nebel meines Unterbewusstseins ahne ich allerdings schon, dass ich dabei bin, mich selbst zu belügen. Und ich sehe Kleinkinder ohne Behinderung, verdränge den Stich, den es mir jedes Mal gibt, weil mein Kind niemals so sein wird wie sie.

Vor uns stehen Cappuccino und Eisbecher, als urplötzlich eine alte Frau vom Nachbartisch aufsteht, ein wenig mühsam, wie das in ihrem Alter nun mal ist. Sie kommt an unseren Tisch und sagt: „Was für ein hübsches Töchterchen Sie doch haben." Sie streicht Tina über den Kopf, lächelt, sieht mir ins Gesicht, sagt: „Es sind ganz liebe Menschen", nimmt ihren Stock und geht.

Es scheint sogar ein wechselseitiges Engel-Dasein oder zumindest ein diesem Phänomen nahestehendes Ereignis zu geben.

Wieder einmal haben wir mit Tina einen Außenplatz unseres Lieblingscafés in Bad Münstereifel ergattert. Wie üblich fällt Tina mit ihrem Judogürtel auf, wenn sie beginnt, ihn durch Tischritzen zu fädeln und um Stuhlbeine zu winden, akustisch untermalt mit für fremde Ohren ungewöhnlichen Lauten. Die Leute gucken halt, und es ist auch uns längst ziemlich „abgebrühten" Eltern nicht so ganz angenehm. Da höre ich ein seltsames Tuten. Ich sehe hin und entdecke eine Frau, die drei Tische weiter eine Plastiktüte an die Lippen hält und durch Stimme und Luftstrom die tutende Vibration erzeugt. Offenbar findet sie das angenehm oder zumindest spannend, dass sie mit ihrem körperlichen Einsatz Geräusch und Lippengefühl in Gang bringt.

Klar, dass auch diese Person, die zusammen mit den Eltern an einem der Tische bei Kaffee und Kuchen sitzt, sowohl von den anderen Gästen als auch von den Passanten staunend in den Blick genommen wird. Spontan finde ich die Tatsache angenehm: Wir sind mit Tina-Speziale nicht die einzigen Exoten. Genauso spontan sage ich laut und deutlich in Richtung besagter Eltern: „Bei uns ist es ein Judogürtel." „Haben wir schon bemerkt", ruft der Vater zurück. „Wir können niemals ohne Plastiktüte los!" „Jeder nach seiner Fasson!", sage ich. Wir Eltern lächeln uns an. Die anderen Gäste blicken hin und her. Eine Frau nickt und lächelt ebenfalls. Und niemand guckt – soweit ich das im Blick habe – entrüstet oder peinlich berührt. Niemand macht eine dumme Bemerkung.

Manchmal tut es einfach gut, wenn man erlebt, nicht die einzigen zu sein, bei denen die Dinge ein wenig *außergewöhnlich* abgehen.

Willy hat nicht auf den ersten Blick das Zeug zum Engel. Doch als Tina, inzwischen beinahe 20, ihm einen Apfel reicht, Willy ihn nimmt, beim Futtern kleckert und von Tina eine runtergehauen kriegt, wehrt er sich nicht. Willy ist ein kräftiges Pferd, auf dem Tina reitet und das sie putzen und füttern darf. Beim Putzen muss man Willy ab und an ein Stückchen weiterschieben, damit Tina auch mal einen anderen Flecken Fell bearbeitet und er nicht irgendwann ein Loch bekommt vom vielen Schrubben. Willy ist für Tina eine spezielle Art Kumpel. Er ist immer für sie da, bereit, sich von ihr füttern zu lassen; sie darf sich an ihn lehnen und seine Wärme fühlen, darf ihren Kopf an sein Fell drücken, um das Pferdearoma zu schnuppern und sein dickes Haarkleid zu spüren. Und natürlich darf sie auf ihm reiten. Doch, Willy ist nah dran an Tina und ein ganz wichtiges Wesen in ihrem Leben.

KAPITEL 16

ÜBERGRIFF

Allein das Wort *Übergriff* löst eine gewisse Beklemmung aus, denn im Klartext bedeutet Übergriff Gewalt, meist gekoppelt an eine sexuelle Handlung. Und genau darum geht es im Folgenden.

Tobias, ein Mitbewohner von Tina, hat schon lange ein Auge auf sie geworfen. Doch seine Zuneigung erfährt wenig Gegenliebe. Zwar reicht Tina ihm ab und an das Ende ihres Judogürtels, den er gerne ergreift, um mit ihr anzubändeln. Aber das ist auch schon alles. Auf den Schoß setzt sich Tina nur bei Jan, der für sie seit über zehn Jahren – seit sie im Wohnheim lebt – die Rolle des großen Bruders einnimmt.

Tina ist sexuellen Handlungen nicht abgeneigt. Doch erfüllt sie ihre Bedürfnisse nach Lust in Eigenregie. Sie stimuliert sich selbst, was sie in der Badewanne und in ihrem Zimmer natürlich darf, am besten abends im Bett. Tagsüber ist dem Einhalt geboten, indem sie in der Werkstatt Bodys trägt. So realisiert Tina, dass Selbststimulierung in der Öffentlichkeit tabu ist. Für Tina ist unserer Beobachtung nach Sexualität also nicht an Partnerschaft gekoppelt.

An diesem Tag fällt der Betreuerin auf, dass Tinas Zimmer geschlossen ist, was um diese Uhrzeit eher ungewöhnlich ist. Und sie hört, wie Tina merkwürdig verhalten schreit. Rasch hat sie die Türe aufgeschlossen und muss die Situation in Sekunden erfassen. Der überaus korpulente junge Mann liegt auf der vergleichsweise zierlichen Tina, die buchstäblich ums Überleben kämpft, denn ihr wird bei dem dreistelligen Gewicht von Tobias die Luft knapp. Tina kam gerade aus dem Bad, hat also nur einen Bademantel an, Tobias ist unbekleidet.

Die zum Glück kräftige und beherzte Frau klärt die Situation, Tina kann wieder durchatmen und sexuell ist Tobias nicht ans Ziel gekommen. Er hatte genau den Zeitpunkt abgewartet, als Tina aus dem Bad kam und kurzzeitig niemand auf die beiden achtete, so dass er hinter ihr ins Zimmer huschen und die Tür von innen schließen konnte. Von außen kann man die Zimmertüren nur mit einem Generalschlüssel öffnen, um genau solch einer Situation zuvorzukommen. Da Tobias schon länger an Tina interessiert war und zum Beispiel zu ihr in die Badewanne steigen oder sie in ihrem Zimmer besuchen wollte, hatte man eigens die neuen Türgriffe anbringen lassen. Außerdem waren Zimmer getauscht worden: Tina war ins Parterre gezogen, um näher am Alltagsgeschehen und damit intensiver unter Beobachtung sein zu können.

Da unsere Tochter niemanden freiwillig so nah an sich heranlässt, hielten wir als ihre Eltern es bislang auch nicht für nötig, dass sie verhütet. Tina würde ohnehin weder Spritze noch Pille akzeptieren, sodass man ihr letztere täglich „unterjubeln“ müsste – zerstampft in einem Getränk oder in Joghurt. Einen Besuch in einer gynäkologischen Praxis kann man sich gleich sparen, da Tina weder den Sinn einer Untersuchung erfassen noch sich tatsächlich untersuchen lassen würde.

Tina hat großes Glück gehabt, dass an jenem Abend kein gehörloser Betreuer Dienst hatte. Da es sich um ein Wohnheim für gehör- und sinnesbeeinträchtigte Menschen handelt und in einfacher Gebärdensprache kommuniziert wird, arbeiten relativ viele gehörlose Menschen hier. Sie sind sehr engagiert und man merkt, wie sehr sie ihren Arbeitsplatz schätzen. Aber in einer solchen Situation würden sie natürlich an ihre Grenzen stoßen. Nicht auszudenken, wie die Sache in dem Fall hätte ausgehen können.

Eine Sexualpädagogin wird eingeschaltet, um herauszufinden, was Tina möchte. Ob sie nicht vielleicht sogar doch stärker an Tobias interessiert ist, als wir vermuten. Doch Tina kann mit dem eigens für sie zusammengestellten Bildmaterial wenig anfangen. Ebenso zeigt man Tobias Bilder, denen er entnehmen soll, was er *nicht* einfach so in die Tat umsetzen darf. Doch Tobias' Daumen geht nach oben, als er ein comichaft gezeichnetes Pärchen im Bett sieht. Dass sein Daumen nach unten zeigen soll, weil er genau das auf dem Bild Dargestellte *nicht* ungefragt tun soll, sieht er nicht ein.

An Tinas Zimmereingang kommen Warnschilder; auf dem Boden klebt ein rotweißes Band zum Zeichen, dass niemand einfach so in ihr Zimmer gehen darf. Jan hält ein strenges Auge auf Tobias, droht ihm immer mal wieder im Vorbeigehen und gebärdet: *Du darfst nicht!* mit deutlichem Fingerzeig auf Tinas Türe.

Trotzdem passiert es ein zweites Mal. Wieder entdeckt eine aufmerksame Betreuerin den entkleideten Tobias auf Tina sitzend, die diesmal allerdings lacht, weil es wohl kitzelt, als er ihre Hose herunterziehen will.

Dass man mir den neuerlichen Übergriff nicht verschweigt – also nicht unter der sprichwörtlichen Decke hält –, spricht für die Offenheit von Leitung und Personal. Trotzdem bin ich diesmal ungehalten, weil ich spüre, dass Tina nicht mehr sicher ist. Ich schalte die Heimaufsicht ein, damit grundsätzlicher mit dem Problem umgegangen wird. Und genau das geschieht: Tobias zieht in das Haus nebenan, in dem in der Hauptsache Oldies mit Behinderung leben. Er tauscht quasi sein Zimmer mit einer älteren Bewohnerin. So kann er nicht mehr ohne weiteres in den Wohntrakt, in dem sich Tinas Zimmer befindet. Gehörlose Betreuerinnen tragen im Dienst ein Gerät bei sich, das akustische Signale in taktile übersetzt und somit auch auf ein entsprechendes Lautsprechergerät aus Tinas Raum reagiert. So sind sie gewarnt, wenn sich Tina über die normale Frequenz hinausgehend bemerkbar macht.

Alle Gespräche verliefen konstruktiv, was ich in Anbetracht der durchaus ernsten Lage wichtig und zielführend finde. Wir haben erfahren, dass es gut war, diese Situationen mit allen Verantwortlichen offen und vorwurfsfrei zu besprechen, auszuwerten und gemeinsam nach Lösungen zu suchen.

KAPITEL 17

KREUZ UND QUER DURCH DIE REPUBLIK

Ich lese leidenschaftlich gerne vor. Schon in Klasse fünf, was zu meiner Schulzeit die Sexta war, wurde ich auserkoren für den Vorlesewettbewerb, den es auch heute noch gibt. Ich las damals zwar betont, deutlich, variationsreich – aber zu schnell und schied deshalb auf der zweiten Ebene („*Wer liest am besten von allen Sextanern unserer Stadt?*“) aus.

Auch heute lese ich total gerne vor Publikum. Mittlerweile kann ich sogar langsam lesen, und gelegentlich mache ich – wenn es inhaltlich passt – sogar eine kleine Pause …

Ich werde häufig zu Lesungen eingeladen, und so lernte und lerne ich die Republik kennen und schätzen. Hameln, Norderstedt, Passau, Weißenfels, Spremberg, Waltrop, Leipzig, Neumarkt, Horb-Sulz, Geldern, Emden, Neuss, Dingden, Soltau, Bergisch Gladbach hätte ich sonst zum Beispiel nie oder zumindest nicht so gut kennengelernt.

Auf zahlreichen Veranstaltungen der Lebenshilfe habe ich aus den Büchern über meine besondere Tochter vorgelesen. Und was habe ich nicht alles erfahren dürfen in den anschließenden Diskussionen, ganz davon abgesehen, wie viele unglaublich liebe Menschen ich kennengelernt habe!

Auf einer Lesung in Sachsen-Anhalt hat mich besonders beeindruckt, zu erfahren, dass Menschen mit Behinderung zu DDR-Zeiten häufig in Altenheimen oder psychiatrischen Kliniken untergebracht wurden.

Die Aufnahme in das Arbeitsleben scheint in der DDR in vielen Fällen recht gut funktioniert haben. Wie ich erfuhr, wurde ein Werksangehöriger dazu bestimmt oder hat sich für diese Aufgabe gemeldet, den hilfsbedürftigen Kollegen unter seine Fittiche zu nehmen. Man fand Tätigkeiten, die er bewältigen konnte, und zeigte ihm, wo und wann er arbeiten sollte. Natürlich wurde gemeinsam gegessen.

Menschen mit schwerer Behinderung kamen allerdings im Alltagsleben der Bevölkerung kaum vor. So bekam eine Frau nach der Wende plötzlich Besuch. Vor der Tür der Wohnung, wo sie mit ihren Eltern lebte, stand ein junger, geistig behinderter Mann, nur wenig älter als sie selbst. Er sei ihr Bruder und könne nicht länger in der psychiatrischen Klinik bleiben, weil es nun nicht mehr angesagt sei, Menschen mit Behinderung dort unterzubringen. Die gute Frau hatte bis zu diesem Zeitpunkt keine Ahnung gehabt, dass sie überhaupt einen Bruder hatte! Ihre Eltern hatten es nicht für nötig gehalten, die Tochter damit zu konfrontieren.

Selbsthilfe-, Eltern- und Fachverbände für Menschen mit Behinderung wie die 1958 in der Bundesrepublik gegründete Lebenshilfe (in der ja viele Orts- und Kreisvereine in Landesverbänden und einer Bundesvereinigung zusammengeschlossen sind) gab es in der DDR nur wenige. Und so bekamen nach dem Ende der DDR viele Eltern ganz plötzlich ihr behindertes Kind nach Hause: ein Schock für alle Beteiligten. Besagte Frau, die mit einem Mal einen Bruder mit Behinderung hatte, war von dieser völlig neuen Situation überrumpelt. Als sie mir dieses Erlebnis schilderte, bekam ich eine heftige Gänsehaut. Viele Menschen, deren Eltern verstorben waren, kümmerten sich kurzfristig um ihre Geschwister, die sie wenig bis gar nicht kannten und die sie oft erstmal überforderten.

Mit diesem Wissen wuchs mein Respekt gegenüber meinen Gastgebern aus den neuen Bundesländern noch einmal deutlich. Chapeau! Mit großem Engagement wurden im Osten unseres Landes nach der Wende neue Strukturen geschaffen – Wohnheime, Frühförderung oder Förderschulen, dazu natürlich die Trägerinstitutionen –, um Familien zu entlasten und Menschen mit Behinderung eine gute Perspektive und entsprechende Förderung zu bieten. Was im Westen über Jahrzehnte gewachsen war, stemmten Eltern und Familien nun in kurzer Zeit und zum großen Teil aus Eigeninitiative.

Bei Interesse kann man sich schlau machen, wie vor der Wende in den beiden deutschen Staaten das Thema Behinderung angegangen worden ist. Seit einigen Jahren gibt es zum Umgang mit Menschen mit Behinderung in der früheren BRD und DDR zumindest eine wissenschaftliche Aufarbeitung.[8]

---

8 https://www.pedocs.de/volltexte/2019/17396/pdf/Barsch_Sebastian_Geistig_Behinderte_2013.pdf.

KAPITEL 18

WIRD ES MENSCHEN WIE DICH IN ZUKUNFT NOCH GEBEN?

Es war im Anschluss an eine Lesung in Emden, als eine Zuhörerin von ihrer Tochter mit Down-Syndrom berichtete. Diese 20-jährige Frau betrachtete die Tatsache, dass sie ist, wie sie ist, als ein ganz besonderes Geschenk für die ganze Familie. Vermutlich hatte sie oft gehört, dass ihr Anderssein etwas sehr Schönes sei, das es nicht so häufig gebe. Die Mutter fragte nun in die Runde: „Soll man einer Frau mit Down-Syndrom sagen, dass es Tests gibt, damit Menschen wie sie in Zukunft nicht mehr geboren werden?“

Meine Antwort kam spontan: „Ja, weil es wahrscheinlich besser ist, dass Menschen mit Down-Syndrom das von den Eltern in schonender Weise erfahren als von Fremden, die unter Umständen brutal mit der Wahrheit herausrücken – der Wahrheit aus ihrer Sicht.“

„Aber unsere Tochter ist stolz darauf, etwas Besonderes zu sein. Und nun soll es diese Besonderheit nicht mehr geben. Wie soll man ihr das erklären?“

Die Zuhörer gerieten ins Nachdenken. Genau wie ich.

„Als unser Sohn und seine Frau ein Baby bekamen, fragte unsere Tochter, ob das Kind denn so sei wie sie. So besonders: ‚Das wäre doch toll, oder?'", erzählte die Frau.

Eine Zeit lang war es sehr still im Saal. Irgendwann hörte ich mich sagen: „Schwierig!"

Was würden Sie antworten? Wie soll man einem Menschen bloß erklären, dass genau solche Menschen wie er nicht mehr zur Welt kommen sollen?

„Ja – Sie müssen mit Ihrer Tochter darüber sprechen", sagte ich. „Besser, sie erfährt es von Ihnen, als wenn jemand eines Tages zu ihr sagt: ‚Solche wie dich wird es bald nicht mehr geben müssen. Sie werden auf Kosten der Krankenkasse abgetrieben.'"

Grausame Sätze, wie ich finde. Doch auch nach ausführlichem Nachdenken fällt mir keine andere Lösung ein.

Ich kann die Eltern dieser selbstbewussten jungen Frau mit Down-Syndrom natürlich gut verstehen: Sie haben ihr erfolgreich vermittelt, dass sie einmalig ist und etwas Besonderes (so wie jeder!). Und gerade, wenn sie auf ihre Trisomie 21 negativ angesprochen wird, kann sie dem so vermutlich besser begegnen.

Zugleich finde ich es wichtig, dass Kinder und Jugendliche durchaus wahrnehmen, dass sie ein Handicap haben; dass sie beeinträchtigt sind *und* dass sie geliebt werden, wie sie sind.

Wie würde es mir gehen, wenn im Raum stünde, dass Menschen mit *meiner* Besonderheit gar nicht erst zur Welt kommen sollten? „Du hast eine Besonderheit, die als Behinderung gilt. Jemand wie du ist es nicht wert, geboren zu werden. Jemanden wie dich wird es in Zukunft nicht mehr geben, zumindest nicht geben müssen. Man darf jemanden wie dich als werdendes Baby abtreiben."

Ich bin Allergikerin – und zwar gründlich, brauche also Medikamente, habe zehn Jahre Hypersensibilisierung hinter mir. Eine teure Angelegenheit. Was wäre, wenn man die Disposition auf Allergien vorgeburtlich nachweisen kann und so teure Weltbürger wie mich in Zukunft sozialverträglich (also zur Schonung öffentlicher Mittel) vermeiden will? Ich würde also erfahren, dass es Typen wie mich in Zukunft nicht mehr geben *müsste* und im Idealfall auch nicht mehr geben *würde*.

Ein seltsamer und befremdlicher Gedanke, denn mir geht es im Prinzip gut. Ich habe liebe Menschen um mich und das Leben ist schön, von einfach war nicht die Rede … Es scheint mir genauso zu gehen wie der jungen Frau mit Down-Syndrom, die so stolz ist auf ihr Anderssein.

Ich bin mir ziemlich sicher, dass das Rad – das pränatale Testen auf Trisomie 21 als Angebot der Krankenkasse – nicht mehr zurückgedreht wird. Was machbar ist und obendrein bezahlt wird, wird in Anspruch genommen. Aber kann unsere Gesellschaft solch eine Auslese durch pränatale Tests verantworten? Handelt es sich nicht um eine moderne Form der systematischen Ermordung von Menschen mit Behinderung und Beeinträchtigungen in der Zeit des Nationalsozialismus?

Ich habe keine Antwort darauf. Aber einige, auch unbequeme, Gedanken müssen erlaubt sein.

Durch die besagten neuen Bluttests, seit 2012 erhältlich, wird ein Schwangerschaftsabbruch wegen Down-Syndrom „erleichtert" – allein das Wort gruselt mich. Die Medizin und ihr Fortschritt werden nicht zu stoppen sein. Die Medizin ist somit nicht das Thema. Nun versetzen wir uns in eine schwangere Frau. Wie jede werdende Mutter stellt sie sich die folgenden Fragen:

Ist mein Kind gesund?
Wird es ein Junge oder ein Mädchen?
In welcher Klinik soll es zur Welt kommen?

Wie wird die Geburt?
Was, wenn mein Baby nicht gesund ist?

Schwangerschaft ist in unserer hochindustrialisierten Gesellschaft zu einem Ausnahmezustand geworden. Hormonell und emotional war sie das für die werdende Mutter immer schon. Im Zuge des medizinischen Fortschritts kommen nun schwerwiegende Entscheidungen dazu:

Lasse ich einen Bluttest machen?
Was ist, wenn der positiv ausfällt?
Wie käme ich – alleinerziehend oder mit meinem Mann – mit einem Kind mit Behinderung zurecht?
Wie sieht der Alltag mit einem solchen Kind aus?
Wie stehe ich dann in der Gesellschaft da?

Letzten Endes muss die Schwangere die Entscheidung alleine treffen. Das klingt hart und den Vätern gegenüber auf den ersten Blick ungerecht. Doch die häufigste Frage bei meinen Lesungen lautet: Ist Ihr Mann noch da?

Ja – ist er. Aber in der Mehrzahl der Fälle ist er das nicht mehr. Nun wird ohnehin mittlerweile mehr als jede dritte Ehe geschieden. Doch im Speziellen bedeutet das, dass der weitaus größere Anteil an Arbeit, bis das Kind flügge ist, an die Mutter fällt. Und im Fall eines Kindes mit Behinderung bedeutet das, dass auf die Mutter ein hohes Maß an Arbeit und Gefühlschaos zukommt – viel länger und intensiver als bei anderen Kindern. Da erscheint ein risikoarmer Test auf den ersten Blick wie eine Erleichterung. Auf ein so frühes Ergebnis in der achten/neunten Schwangerschaftswoche kann außerdem relativ leicht eine Abtreibung folgen. Sofern eine Abtreibung überhaupt leicht sein kann.

Bis vor wenigen Jahren kam nur die sogenannte Spätabtreibung infrage. Der Begriff *Spätabtreibung* ist ebenso wie die Bezeichnung *Kleine Geburt* ein Euphemismus für *Mord.* Eine drastische Sicht – aber Sie werden gleich verstehen, warum man es nicht anders nennen kann.

Zwischen der 14. und 19. Schwangerschaftswoche werden nach einer Fruchtwasserentnahme die Chromosomen des Ungeborenen gezählt, um unter anderem Trisomie 21 nachzuweisen. Erst nach zwei bis drei Wochen liegt das Ergebnis vor. Das ungeborene Kind ist zu diesem Zeitpunkt bereits „halb fertig". Es ist zu spät, den Fötus abzusaugen oder eine Ausschabung unter (Voll-)Narkose vorzunehmen. Nur durch eine mit wehenfördernden Mitteln künstlich eingeleitete Geburt kann die Schwangerschaft abgebrochen werden.

Der Humangenetiker, der mir diese Hintergründe erläuterte, sprach von einer „kleinen Geburt". In jedem Fall ist eine solche Prozedur für Frauen eine ungeheuer große Belastung und im Vorfeld natürlich eine schwere Entscheidung. Es gibt mehrere Fälle, bei denen das frühgeburtliche Kind nicht tot war. Als Extremfrühchen musste es nun intensivmedizinisch behandelt werden und war in den mir bekannten Fällen schwerstmehrfach behindert – ich behaupte: schwerer, als ein Mensch mit Down-Syndrom überhaupt behindert sein kann.

Auch beim Messen der sogenannten „Nackentransparenz" (NT) per Ultraschall können Anzeichen auf das Down-Syndrom ausgemacht werden. Da dieser Test kein hundertprozentig sicheres Ergebnis liefert, wird bei Verdacht auf Trisomie 21 eine anschließende Fruchtwasseruntersuchung (Amniozentese) empfohlen. Ich kenne zwei Mütter, die dem höchst beunruhigt zugestimmt haben und damit das Risiko einer Fehlgeburt eingegangen sind. (Das liegt bei etwa 0,5 Prozent.) Bei beiden hat sich der Verdacht auf Down-Syndrom nicht bestätigt; eine der beiden hat ihr Kind durch die Amniozentese verloren.

In der aktuellen Diskussion geht es nun um einen Test, der auf dem Nachweis kindlicher DNA im mütterlichen Blut basiert.

Er hat die höchste Erkennungsrate für eine Trisomie 21, nämlich mehr als 99 Prozent.

Durch die Kostenübernahme der Krankenkasse ist gewährleistet, dass eine Entscheidung für den Bluttest nicht vom Einkommen abhängt. Es geht immerhin um bis zu 430 Euro, die zu bezahlen sind. Das heißt nicht, dass man diesen Test unbedingt machen sollte. Und es ist auch nicht gesagt, dass wir nun auf dem Weg zum „Designer-Baby" sind.

Sehen wir uns lieber einmal an, wie die gesellschaftlichen Bedingungen aussehen, in die hinein ein behindertes Kind geboren wird. Ich versuche, ein paar ehrliche Gedanken zu formulieren.

Die Akzeptanz von Menschen mit Behinderung hat sich zwar vergrößert, weil sie nicht mehr wie früher versteckt werden. Dies liegt auch daran, dass man ein solches Kind nicht mehr als eine Strafe Gottes interpretiert.

Doch wie gestaltet sich der Alltag, wenn mein Kind behindert ist? Vor allem, wenn es geistig behindert ins Leben geschickt wird?

Es wird weitgehend fremdbestimmt durchs Leben gehen. Inklusion ist ein begrüßenswerter Gedanke, die Realität hinkt in vielen Punkten hinterher. Die finanziellen Mittel, die Wohnheim und Werkstätten zugebilligt werden, sind seit Jahrzehnten eingefroren, obwohl alles um ein Vielfaches teurer geworden ist. Personaldecke und Ausstattung stagnieren also, in manchen Institutionen sind sie sogar rückläufig. Planungssicherheit habe ich mit meinem besonderen Kind nicht.

Vor allem wiegt die Frage schwer: Was wird, wenn ich zu gebrechlich bin, um für mein Kind zu sorgen – für es zu kämpfen, Entscheidungen zu treffen, es zu besuchen? Und *was wird*, wenn ich nicht mehr da bin?

Unkalkulierbar ist auch, ob die heutige Toleranz gegenüber Menschen mit Behinderung Bestand haben wird. Wenn sich schon der ehemalige amerikanische Präsident ungestraft über Menschen mit Behinderung lustig machen darf und auch angesichts vieler schräger Kommentare im Netz darf man sich fragen, ob man sich einer solchen Zukunft aussetzen mag.[9] Ob man sein von Behinderung betroffenes Kind einer solchen Zukunft aussetzen *will.* Ob man genug Kraft aufbringen wird, gegenzusteuern.

Ich weiß darauf keine Antwort. Aber ich weiß, dass wir darüber sprechen sollten.

Ohnehin bin ich parteiisch. Erst vor kurzem habe ich auf einer Lesung eine 25-jährige Frau mit Down-Syndrom kennengelernt, die die komplette Harry-Potter-Reihe gelesen hat, eigenständig ihren Urlaub plant, wenn sie in ihrem Job als Krankenschwester welchen hat, und äußerst interessiert meine Lesung verfolgte. Sie arbeitet weitgehend eigenverantwortlich im stationären Pflegedienst. (Wir sind auf Facebook befreundet, wo sie unter anderem ihre Urlaubsfotos postet.)

---

9 Vgl. z. B. https://www.n-tv.de/politik/Donald-Trump-imitiert-behinderten-Reporter-article16438711.html.

KAPITEL 19

„ICH FINDE, DASS ICH EIN TOLLER MENSCH BIN"

Natalie Dedreux ist Jahrgang 1998. Die dunkelrote Brille passt perfekt zu dem Schal über ihrem Pulli. Sie hat eine sportliche Figur und wirkt mit ihrer knallengen Jeans ausgesprochen cool. Die junge Frau strebt eine Ausbildung als Journalistin an. Ein Praktikum in einer Online-Redaktion hat sie bereits absolviert. Außerdem schreibt sie gelegentlich Beiträge für die Zeitung Ohrenkuss.[10]

Ihr Spezialthema ist die Pränataldiagnostik, und darüber hat sie am 11. September 2017 in der ARD-Wahlarena mit Bundeskanzlerin Angela Merkel vor Publikum diskutiert.

Ihre Fragen sind direkt und gezielt. Keinerlei Drumherum! Und es ist gar nicht so einfach für jemanden aus der Politik (dazu in einer so prominenten Position, also von der breiten Öffentlichkeit wahrgenommen), spontan auf Fragen zu reagieren, in denen

10 https://ohrenkuss.de.

es ganz konkret um Leben und Tod geht. Hört sich dramatisch an – und ist es auch.

Natalie Dedreux beginnt mit den Fakten: Schätzungsweise 90 Prozent aller Föten mit Down-Syndrom werden in Deutschland abgetrieben. Ein sogenannter Spät-Abbruch ist hierzulande nämlich bis kurz vor der Geburt aufgrund der medizinischen Indikation straffrei.

Das bedeutet, dass die Schwangerschaft „eine schwere Gefahr für das Leben oder die körperliche oder seelische Gesundheit der Schwangeren bedeutet und die Gefahr nicht auf eine andere für sie zumutbare Weise abgewendet werden kann. Zu dieser Einschätzung kann eine Ärztin oder ein Arzt kommen, wenn eine pränataldiagnostische Untersuchung ergibt, dass mit einer erheblichen gesundheitlichen Schädigung des Kindes zu rechnen ist und die körperliche oder seelische Gesundheit der Frau durch das Austragen der Schwangerschaft ernsthaft gefährdet wäre.“[11]

Es geht also darum, zum Beispiel ein Kind mit Down-Syndrom zu töten.

„Wie stehen Sie zum Thema Spät-Abbruch? Wieso darf man Babys mit Down-Syndrom bis kurz vor der Geburt noch abtreiben?“, fragt Natalie Dedreux.

Spontan stellt sich die Kanzlerin, ganz gegen ihre sonstige Gewohnheit, neben das Pult. Sie will offenbar demonstrieren, dass sie der jungen Frau auf Augenhöhe begegnet. Sie erklärt, Volker Kauder habe sich als Fraktionschef von CDU/CSU mehrere Jahre lang darum bemüht, die Vorgaben für eine Spät-Abtreibung zugunsten der betroffenen Ungeborenen zu verändern. Frau Merkel fährt fort, dass Eltern sich frei entscheiden könnten, eine

---

11 So heißt es auf der Website der Bundeszentrale für gesundheitliche Aufklärung, https://www.familienplanung.de/beratung/schwangerschaftsabbruch/rechtslage-und-indikationen/.

Beratung allerdings zwingend sei. Ungewöhnlich empathisch empfiehlt sie, dass Natalie Dedreux das Thema weiter verfolgen solle. „Sagen Sie so was immer wieder. Es steckt so viel in jedem. Danke, dass Sie hier sind!"

Der Schlusssatz des Beitrags von Natalie Dedreux lautet übrigens: „Ich will nicht abgetrieben werden, sondern auf der Welt bleiben!" Ach ja – die junge Frau hat selbst ein Chromosom mehr als andere.

Auf ihrer Website legt sie ihr persönliches Fazit vom Gespräch mit der Kanzlerin überzeugend dar: „Frau Merkel sagt das mit der freien Entscheidung der Mutter die Frauen haben Angst vor dem Down-Syndrom. Darum will ich zeigen, wie ich cool drauf bin hier und meine Freunde mit Down-Syndrom sind auch cool drauf. Ihr sollt aufhören Angst davor zu haben. Darum mach ich den Blog."[12]

Für ihren Mut, in der ARD-Wahlarena ans Mikrofon zu gehen, hat Natalie Dedreux den *Bobby* eingeheimst, einen Medienpreis, der seit 1999 von der Lebenshilfe an Menschen verliehen wird, die sich in besonderer Weise für Menschen mit Behinderung einsetzen. Auf diesen Preis, der ihr in festlichem Rahmen in Berlin überreicht wurde, ist sie mit Recht stolz.

Inzwischen hat Natalie Dedreux auch eine Petition gestartet: „Ich habe dort über den Bluttest bei schwangeren Frauen auf Down Syndrom geschrieben. Ich will, dass die Krankenkasse den Bluttest nicht bezahlt. Deswegen sammle ich Unterschriften und dann kriegen das die Politiker. Von allen Parteien, die wir haben im Bundestag. Es ist cool so was zu machen. Ich beschäftige mich

12 https://www.nataliededreux.de.
Siehe auch https://vimeo.com/233366651, https://touchdown21.info/de/seite/17-globus/article/245-natalie-dedreux.html.

mit dem Down Syndrom und ich will viele Menschen mit Down Syndrom haben auf der Welt.“[13]

Angela Merkel machte ihr Angebot übrigens wahr und besuchte Natalie Dedreux an ihrem Arbeitsplatz. Ein knappes Jahr nach ihrer ersten Begegnung erschien sie im Café „Querbeet“ des Caritas-Verbandes in Köln-Kalk. „Polizisten standen vor dem Café und haben aufgepasst“, berichtet Natalie auf ihrem Blog. Auf ihre Frage, wie es denn um Inklusion im Kanzleramt stünde; ob dort jemand mit Down-Syndrom arbeite, habe Frau Merkel bedauert, dass dies bisher nicht der Fall sei. „Das war ein bisschen schade“, lautete der Kommentar der jungen Aktivistin.

Sie zieht folgendes Fazit: „Ich finde es cool, berühmt zu sein. Und es hat sich durch meinen Auftritt in der ARD-Wahlarena auf jeden Fall auch etwas verändert. Durch diesen Auftritt und meine Interviews habe ich Aufmerksamkeit für Menschen mit Down-Syndrom und ihre Anliegen geschaffen. Aber es muss noch Vieles besser werden: Ich wünsche mir, dass es mehr Menschen mit Down-Syndrom gibt, die auf dem regulären Arbeitsmarkt eine Stelle finden und nicht in speziellen Werkstätten und Förderschulen landen. Es ist wichtig, dass wir Menschen mit Down-Syndrom ernstgenommen werden und dass es keine Vorurteile gibt, die nicht stimmen. Wir wollen halt wie ‚Ihr‘ normale Menschen sein und wir können auch so wie ‚Ihr‘ lesen und schreiben und Interviews geben. Ich finde, dass ich ein toller Mensch bin. Und dass ich mein Leben selbst bestimmen kann und jetzt ein Promi bin, das finde ich gut.“[14]

---

13 https://www.change.org/natalie.

14 https://www.katholisch.de/artikel/18807-ich-moechte-nicht-abgetrieben-werden.

KAPITEL 20

DU SOLLST NICHT LACHEN!

Hätte man mir doch dieses Gesetz in die Wiege gelegt! Genau genommen müsste es heißen: *Du sollst nicht an unpassender Stelle lachen!*

Ja, ich weiß. Aber das Leben mit Tina schlägt manchmal so irrwitzige Kapriolen – da kann ich nicht anders: Ich platze vor Lachen, und das fast wörtlich. Und was besonders schrecklich ist: Je unpassender die Situation zum Lachen ist, desto blödsinniger wiehere ich los, als hätte ich nicht alle Tassen im Schrank.

Wie jedes Jahr findet das Sommerfest von Tinas Wohnheim statt. Und es kommen richtig viele Leute. Die Angehörigen der Bewohner, einige gesetzliche Betreuer, der Bürgermeister, die Mundharmonika-Musikgruppe, ein Entertainer mit Gitarre singt bekannte Schlager, die Nachbarschaft – und wir sind selbstverständlich auch da. Genau wie Tinas Reittherapeutin und Frau Igel, ihre persönliche Assistenz.

Frau Igel hat sich schon zu Schulzeiten ganz besonders um Tina gekümmert, mit ihr Buchstaben nachgezeichnet und ihr beigebracht, wie man die Namen aller möglichen Leute schreibt, die sie kennt. Sie hat viele pädagogisch sinnvolle Dinge und Unternehmungen mit Tina veranstaltet. Tina hat Frau Igel fest ins Herz geschlossen und freut sich nun, dass sie ebenfalls auf dem Sommerfest dabei ist.

Was Tina allerdings nicht freut: Frau Igel hat ihre Freundin dabei, eine sehr freundliche, aufgeschlossene Frau, die unbefangen auf Tina zugeht. Tina aber macht ein Gesicht wie sieben Tage Regenwetter, das sich erst aufhellt, als mein Mann mit einer Currywurst vom Imbiss-Stand zurückkehrt, die in einem Meer von Ketchup schwimmt. Entgegen unserer Prinzipien hat er außerdem ein großes Glas Cola dabei, sozusagen in Familiengröße. Nun sitzen wir alle mit Tina – Papa rechts und Mama links neben ihr, Frau Igel und deren Freundin gegenüber – am langen Biertisch.

Tina strahlt und wir freuen uns über ihre gute Laune. Dass Tina einen Plan hat, den wir ganz und gar nicht auf dem Plan haben, zeigt sich in Sekundenschnelle. Zack, landet die Wurst mit der gesamten Ketchup-Ladung auf dem Busen von Frau Igels Freundin. Von dort springt sie auf ihre Hose, die nun nicht mehr ausschließlich weiß ist. Warum hat sie auch ausgerechnet eine weiße Hose angezogen?, frage ich mich unpassenderweise und halte mir die Hand vor den Mund, um mein ebenso unpassendes Lachen zu verbergen. „Mensch, Tina!“, fährt Papa sie an.

Da freut sich Tina, greift die Cola und schüttet sie schwungvoll und komplett dem Würstchen hinterher. Die arme Frau starrt fassungslos an ihrem Körper hinunter. Sie sieht nun aus wie ein Schwein, während Tinas Mutter schreit vor Lachen. Ich weiß natürlich, dass das unverschämt ist und gar nicht geht. Doch auch Tinas Reittherapeutin hält sich die Hand vor den Mund, während mein Mann die Contenance wahrt und streng seine schallend lachende Frau anblickt. Die wischt sich die Tränen aus den Augen und haut grotesk wiehernd eine erste Entschuldigung heraus. Das macht die Sache nicht besser.

Die arme Frau flüchtet natürlich umgehend, um sich einer Grundreinigung zu unterziehen. Sie sagt sogar noch: „Auf Wiedersehen!“, was sie sicher nicht wörtlich meint …

Tina! Bitte lass solche Sachen! Deine Mutter kann sich nicht beherrschen und du bringst sie in Teufels Küche, denn ihr Name ist Drops und sie fällt aus der Rolle, tritt ins Fettnäpfchen – ach was! –, sie springt in die Ölwanne und benimmt sich einfach nur peinlich.

KAPITEL 21

KLANGVERLIEBT

Der Schreier – so nannten wir einen Mitbewohner Tinas aus dem Wohnheim. Dieser Mann, der immer *Ho* brüllt, ist nicht leicht zu ertragen: Frequenz und Dezibel seiner Ausrufe sind so enorm, als wenn jemand einen fürchterlichen Schreck bekommt. Sein *Ho* klingt so dramatisch wie eine spontane Reaktion in absoluter Todesgefahr. Nicht zu verwechseln mit dem *Hu* der Fans der isländischen Fußball-Nationalmannschaft, die mit ihrem Schlachtruf ganze Stadien in Stimmung bringen.

Scheinbar völlig unabhängig vom *Ho*-Schrei griff sich Tina bei jedem Abendessen ein Glas und warf es kraftvoll auf den Boden. Erst nach einigen Tagen fiel auf, dass es sich immer um das Glas eines bestimmten Bewohners handelte: Jonas war ein hoch aufgeschossener Mann, der permanent ein *Ho* ausrief. Nein, eher herauspresste, sodass ein besonders lauter kurzer Schrei entstand, der sich einem ins Gehör hämmerte. Bis die Betreuer endlich kapierten, dass Tina diesen Lärm nicht ertragen konnte und wollte – ehrlicherweise hat sie dafür mein volles Verständnis –, waren fast keine Gläser mehr vorhanden und die Mannschaft trank aus Plastikbechern.

Diese Episode erinnerte mich an ein anderes Erlebnis. Es war an einem Samstagabend, mein Mann und ich waren eingeladen. Ausnahmsweise wollten wir einmal zusammen erscheinen, was aus bekannten Gründen nur sehr selten vorkam. Jahrelang fühlte ich mich als verheirateter Single, weil jeder von uns ja nur wegkonnte, wenn der andere bei Tina blieb.

Für diesen Abend aber hatten wir jemanden vom Familienentlastenden Dienst, dem FED, angefordert. Es klingelte und eine mir auf Anhieb etwas zu jugendliche Frau erschien, um ihren Dienst anzutreten. Wir stellten ihr Tina vor und erklärten, was sie unserer Meinung nach unbedingt wissen sollte. Natürlich hatten wir bereits im Vorfeld am Telefon ausführliche Angaben über unsere besondere Tochter gemacht und gingen nun davon aus, dass die für diesen Abend engagierte Betreuerin zumindest eine ungefähre Ahnung davon hatte, was – beziehungsweise wer – sie erwartete.

Gar nicht mal besonders beunruhigt verließ ich Haus, Kind und die familienentlastende Lady. Unsere beiden anderen Töchter waren ebenfalls unterwegs – Disco und Party –, und wir nun also auch. In unserem Fall handelte es sich um einen runden Geburtstag und wir freuten uns, dass man wahrnahm, dass wir es tatsächlich fertiggebracht hatten, im Doppelpack mitzufeiern – fast wie ein „richtiges" Ehepaar. Aber eben nur fast, denn kurz vor 23 Uhr mussten wir heim: Dann wollte unsere Tina-Sitterin nach Hause.

Was uns zuhause erwartete, war… kurios. Da unser Wohn-, Ess- und Küchenbereich nicht durch Türen abgetrennt war, stellte sich uns die skurrile Szene gleich im Ganzen dar: Die junge Frau stand mit dem Abfalleimer und einem völlig verzweifelten Gesicht in der Küche, der Fliesenboden in diesem Teil war mit Glasscherben übersät. Währenddessen stand Tina neben dem Sofa am Schrank. Auf Zehenspitzen versuchte sie, ein Glas zu angeln.

„Immer wenn ich gerade die Scherben aufgesammelt habe, ist sie zu dem Schrank im Wohnzimmer geflitzt. Dort hat sie ein neues Glas geholt. Dann ist sie zurück in die Küche – und zack! Ich hinterher, aber sie ist ja so schnell!“, stöhnte die Frau.

Es dauerte etwas, bis ich kapiert hatte, welches Spiel Tina trieb. Sie war an den Gläserschrank gegangen, hatte ein Bierglas genommen und es dann auf die Steinfliesen in der Küche fallen lassen. Die arme Frau hatte sich bemüht, die Scherben aufzusammeln, damit Tina, die grundsätzlich barfuß durch die Wohnung läuft, nicht hineintrat. Währenddessen war Tina wieder zum Schrank gelaufen und hatte sich das nächste Glas gegriffen. Der Schrank hat kein Schloss… Wegen der Scherben hatte die Tina-Sitterin nicht hinterher gekonnt – sich zumindest nicht getraut, weshalb es für unsere Tochter ein Leichtes war, ein Glas nach dem anderen zu greifen und zu zerscheppern. Tina liebt einfach diesen Klang von berstendem Glas und Porzellan…

Nun ja. Seitdem gehörte ich jahrelang wieder zur Sorte verheirateter Single. Insofern haben wir wieder ausreichend Biergläser zur Verfügung.

KAPITEL 22

NACHDENKLICH

Noch einmal drehe ich die Zeit mehr als 30 Jahre zurück. Mein winziges Baby bringt es auf knapp fünf Pfund. Endlich!

Ich strahle die zarte Tina an und bin unglaublich froh, dass sämtliche Schläuche, Kanülen samt fixierendem Gipsklumpen auf dem kleinen Kopf sowie alle Drähte vom Dauer-EKG abmontiert sind. Tina gilt offenbar nun als lebensfähig. Endlich traue ich mich, sie eigenhändig aus dem Wärmebettchen zu heben und im Arm zu halten. *So ein süßes Winz-Baby*, denke ich. *Wir schaffen das*, sage ich in Merkel-Art zu mir selber. Da kommt eine Schwester herbei und erklärt, dass man dringend das Wärmebettchen benötige. Und unsere Kleine sei hier das fitteste Neugeborene. Wir dürften sie mitnehmen. Ein freudiger Schreck durchzuckt mich.

Mein Mann und ich fahren also los, um wenig später mit der Tragetasche zurückzukehren, die wir vor Wochen leer und sorgenvoll von der Wöchnerin-Station mit nach Hause genommen hatten, ohne zu wissen, ob wir sie überhaupt brauchen würden. Wie „richtige" Eltern legen wir jetzt unser Baby hinein, um es mit dahin zu nehmen, wo Babys hingehören: nach Hause. Alle drei Stunden rund um die Uhr versorgen wir nun unseren Winzling.

Wir können froh sein, wenn sie 20 Milliliter Milch schafft. Tina nimmt sehr langsam weiter zu. Und unsere Freude ist groß.

Eltern, Brüder, Schwestern, Freunde rufen an, fragen wohl auch, ob Besuch okay wäre, bringen oder schicken Geschenke und tragen, jeder auf seine Weise, dazu bei, dass sich unser Leben mit Baby erst einmal normalisiert. Tina besitzt binnen kurzem die edelsten Baby-Klamöttchen – sie sieht einfach hinreißend aus.

Eines Tages besuchen wir Freunde. Wir sitzen am Kaffeetisch, als die Frau des Hauses mit Blick auf Tina fragt: „Habt ihr euch nichts zuschulden kommen lassen?"

Ich begreife zuerst nicht, worauf sie abzielt. Doch dann dämmert es mir, und rasch zähle ich alles auf, was mir dazu einfällt: Natürlich habe ich keinen Alkohol getrunken, gesund gelebt, sämtliche Schwangerschaftsvorsorgeuntersuchungen wahrgenommen. Und beim Humangenetiker bin ich auch gewesen, habe sogar einen Test machen lassen. Entschuldigend füge ich noch hinzu: „Aber so ein Test gibt nur 95-prozentige Sicherheit. Und wegen einer Fehlgeburt habe ich auf die Amniozentese und damit auf ein 100-prozentiges Ergebnis verzichtet, weil sie Fehlgeburten auslösen kann."

Erst später fällt mir auf, dass meine Reaktion eine einzige Verteidigungsrede war, *so ein Kind* bekommen zu haben.

Etwa zur gleichen Zeit ruft eine Tante meines Mannes bei uns an, was sie weder vorher noch jemals später wieder getan hat. Sie erkundigt sich, ob mit mir als Mutter irgendwas nicht stimme. Wir hätten ja nun das behinderte Kind. Ob ich ebenfalls krank sei.

Es sind die beiden einzigen Erlebnisse, die gar nicht mal unterschwellig darauf abzielen, dass man als Mutter selbst schuld ist, wenn der Nachwuchs *anders* ist. Schließlich gibt es Möglichkeiten, so etwas zu verhindern. Inzwischen, Tina wird 32, ist die Medizin weiter fortgeschritten. Es gibt aktuell die Tendenz, diese Eigenschuld-Zuweisung der Eltern, vor allem der Mutter, zu steigern. Viele Gynäkologen warnen davor, auch nur irgendeinen

Test *nicht* zu machen. Wie man hört und liest, wird wohl in manchen Fällen recht heftig davor gewarnt (siehe Kapitel 19). Sind wir auf dem Weg, uns für ein Kind mit Behinderung entschuldigen zu müssen, weil wir vielleicht sogar ganz bewusst entschieden haben, dass uns jedes Kind willkommen ist?

Es mutet fast wie ein Rückschritt in die Zeit an, als Behinderung als eine Strafe Gottes galt. Wohlgemerkt eine Bestrafung der Mutter – wofür auch immer. Sind Mütter heutzutage „gestraft" wegen einer medizinischen Unterlassungs-„Sünde"?

Die Freundschaft zu besagter Fragerin hat sich schon kurz darauf erledigt. Sollte ich mich wirklich dafür entschuldigen, dass mein eigenes Kind so ist, wie es ist?!

Ich ertappe mich immer mal wieder bei der Überlegung, wie im Dritten Reich die Bevölkerung das Euthanasie-Programm wahrgenommen hat. Per Zufall komme ich mit lieben Verwandten in Norddeutschland auf das Thema.

„Das machte man damals so", sagt unsere 96-jährige Tante in ernstem Tonfall.

Das bedeutet, dass ein junges Mädchen aus der Nachbarschaft zur Zeit des Nationalsozialismus mit einem grauen Bus abgeholt wurde. *Ma*n waren Fahrer und „Pfleger", die Menschen mit Behinderung, mit ärztlichen Verordnungen ausgerüstet, abholten. *Man* waren auch die Eltern, die kaum etwas dagegen machen konnten. Vielleicht auch nichts dagegen machen wollten: ob aus dem Gefühl der Schande heraus oder um dem Kind und sich ein „mühsames" Leben zu ersparen, sei dahingestellt. In der ersten Zeit, als die *Grauen Busse* ihre *grau*samen Fahrten antraten, ahnten wahrscheinlich noch nicht alle, dass sie ihren Angehörigen nicht wiedersehen würden.

Das junge Mädchen aus der früheren Nachbarschaft besagter Tante hatte das Down-Syndrom. Der *Graue Bus* brachte sie in eine Klinik, deren Zweck darin bestand, „unwertes" Leben durch den „Gnadentod" (griechisch: *Euthanasie*) auszulöschen. Etwa 216 000 körperlich und geistig behinderte Menschen wurden so zwischen 1933 und 1945 umgebracht. Gegen Ende des „Tausendjährigen Reiches" gab es in Deutschland praktisch keine Menschen mehr mit geistiger oder mehrfacher Behinderung. Sie galten als unnütze Esser, als grundsätzliche Belastung.

Offenbar wandelt sich der Umgang mit dem Thema „Behinderung" immer wieder. Auch aktuell gibt es zum Beispiel politische Äußerungen, die vielleicht nicht unmittelbar beängstigend sind, die wir aber aufmerksam wahrnehmen sollten.

„Wie hat sich nach Kenntnis der Bundesregierung die Zahl der Behinderten seit 2012 entwickelt, insbesondere die durch Heirat innerhalb der Familie entstandenen (bitte nach Jahren aufschlüsseln)? Wie viele Fälle (davon) haben einen Migrationshintergrund?", wollte zum Beispiel die Partei AfD gerne von der Bundesregierung wissen.[15]

Das lässt aufhorchen.

Mehrere Sozialverbände protestierten gemeinsam gegen diese Anfrage der AfD, indem sie eine Anzeige in der *Frankfurter Allgemeinen Sonntagszeitung* schalteten. Darin heißt es: „Die Fraktion der AfD erkundigt sich vordergründig nach der Zahl behinderter Menschen in Deutschland, suggeriert dabei jedoch in bösartiger Weise einen abwegigen Zusammenhang von Inzucht, behinderten Kindern und Migrantinnen und Migranten." Die Anfrage erinnere damit „an die dunkelsten Zeiten der deutschen Geschichte, in denen Menschen mit Behinderung das Lebensrecht aberkannt wurde und die zu Hunderttausenden Opfer des Nationalsozialis-

15 http://dip21.bundestag.de/dip21/btd/19/014/1901444.pdf.

mus wurden". Und weiter heißt es darin: „Wir rufen die Bevölkerung auf, wachsam zu sein und sich entschlossen gegen diese unerträgliche Menschen- und Lebensfeindlichkeit zu stellen."

Weder sind Menschen freiwillig auf der Flucht noch wünschen sich Eltern ein Kind mit Behinderung. Ob die Kombination der Begriffe „Behinderung" und „Migration" Ablehnung erzeugen soll?

Ich finde es wichtig, Menschen mit Behinderung so intensiv und leicht zugänglich wie möglich auch an politischen Entscheidungsprozessen zu beteiligen. Es geht schließlich auch um sie! Und wessen Teilhabe infrage gestellt wird, über den kann im schlimmsten Fall auch relativ unauffällig entschieden werden.

Deswegen ist es wichtig, dass wir Eltern, Verbände und Initiativen uns weiterhin als Lobby für Menschen mit Behinderung stark machen.

KAPITEL 23

DREAM-TEAM

Jan, Tinas „Wohnheimbruder", ist über 20 Jahre älter als sie. Von Anfang an hat er auf Tina achtgegeben und sie umsorgt. Gibt es abgezählte Brötchen, legt er Tina ihre auf den Teller, damit sie auch ja ihren Teil erhält. Dass die vergleichsweise kleine Tina bereits nach einem Brötchen satt sein müsste, hat er nicht auf dem Schirm. Hauptsache, es geht gerecht zu und Tina kommt nicht zu kurz. Überhaupt ist Jan ausgleichend, achtsam und kümmert sich darum, dass es möglichst allen gut geht.

Jan darf den Arm um Tina legen, ihr ein Küsschen auf die Wange drücken und ihre Füße kraulen, während sich Tina den anderen Mitbewohnern gegenüber eher zurückhaltend bis abweisend benimmt. Tina – klein und zierlich – und Jan – kräftig, groß und mit rundem Bauch – sitzen oft gemeinsam auf dem Sofa. Weil diese spezielle Art von distanzierter Zugewandtheit herzerwärmend (ein Altertümchen von einem Wort – mir fällt tatsächlich keine bessere Beschreibung ein) wirkt, haben die beiden es zum ausgewiesenen Dream-Team der Wohngruppe gebracht. Man muss unwillkürlich lächeln, wenn man die zwei zusammen auf dem Sofa sitzen sieht.

Als Jan einmal eine Weile ins Krankenhaus musste, begann zwei Wochen später wieder Tinas kreisrunder Haarausfall. Sie reagiert körperlich, wenn Jan nicht da ist. Es macht ihr etwas aus, wenn er fehlt.

Soweit zu Tinas *Beziehung*. Auch wenn es sich nicht um eine Partnerschaft im landläufigen Sinn handelt, interpretiere ich Tinas und Jans Zugehörigkeitsgefühl in diese Richtung.

Anja, die als junges Mädchen kosmetisch operiert wurde (siehe Kapitel 7), schwärmte für einen ihrer Kollegen, ebenfalls mit einer geistigen Behinderung, den sie in der Werkstatt kennen- und liebengelernt hatte. Während Anjas Eltern nichts dagegen hatten, machten die Eltern des jungen Mannes klar, dass sie keine Verbindung ihres Sohnes mit Anja wünschten. Ihre Begründung: Menschen mit Behinderung blieben besser ungebunden. Sehr zum Kummer von Anja!

Im Anschluss an Lesungen höre ich Ähnliches auch von anderen Eltern, deren erwachsenes Kind sich eine „normale" Beziehung mit der Freundin beziehungsweise dem Freund wünscht, was die Eltern des Freundes oder der Freundin jedoch ablehnen.

Eine Ergotherapeutin mit über 20-jähriger Berufserfahrung arbeitet ausschließlich mit Kindern und Jugendlichen mit Down-Syndrom. Nach einer meiner Lesungen kamen wir ins Gespräch miteinander. Bereits in ihrer Jugend hatte sie in ihrer Heimatstadt Kontakt zu Menschen mit Behinderung. Mittlerweile arbeitet sie auch als Moderatorin und freie Rednerin für die örtliche Industrie- und Handelskammer, gerne zu Themen im Zusammenhang mit Inklusion.

So kam es zu einer Anfrage, ob sie ein Paar trauen würde, wo beide Partner eine geistige Behinderung haben. Die beiden reisten zu einem ersten Treffen an und in einem Café planten sie gemeinsam mit den Betreuern ihre Hochzeit. Das Paar selbst nahm rege an dem Gespräch teil. Sie sprachen von Dingen, die sie mochten, und warum sie sich liebten. (Kennengelernt hatten sie sich auf einer inklusiven Busreise, die beide häufig unternahmen.)

Leider waren bei der Hochzeit selbst dann keine Familienangehörigen dabei. Die zahlreichen Gäste stammten ausschließlich aus den beiden Einrichtungen von Braut und Bräutigam. Trauzeugen waren die Betreuer, die die beiden schon länger kannten und auch an der Planung mitgewirkt hatten. Kurz nach der Hochzeit zogen die zwei zusammen in ein Wohnheim.

Es gibt sie also: eine offizielle Partnerschaft bis hin zur Eheschließung zwischen Menschen mit geistiger Behinderung.

Empfehlenswert ist hierzu übrigens eine Dokumentation der Sendereihe „37 Grad“ im ZDF.[16] Anrührend wird darin eine Liebesbeziehung gezeigt zwischen einem jungen Mann und seiner Freundin, beide mit Down-Syndrom. Es wird deutlich, dass auch Personen mit geistiger Behinderung eine Entscheidung fürs Leben treffen können, wenn sie die Gelegenheit dazu erhalten.

„Wir können alles schaffen“, sagt der junge Mann, während er den Arm um seine Freundin legt.

Im herkömmlichen Sinn ist Tina nicht in der Lage, eine bewusste Entscheidung für eine Partnerschaft zu treffen. Allerdings macht sie auf ihre Weise deutlich, wen sie in ihr Herz geschlossen hat.

---

16 https://www.zdf.de/dokumentation/37-grad/37-liebe-macht-mutig-100.html.

KAPITEL 24

IM JAHR DES „C"

Das Corona-Virus hat nicht nur den Alltag der Welt gerührt und geschüttelt. Es hat jede Menge an Ungereimtheiten, Ärgernissen, Verständnislosigkeit und Verzweiflung im Gepäck.

Auf Anordnung der deutschen Bundesregierung durfte man von Mitte März bis Ende April 2020 keine Blumen mehr im Floristik-Fachgeschäft kaufen – wohl aber auf dem Markt, während die Inhaberin des Blumenladens *am* Markt ihre frisch eingekaufte Ware nicht mal mehr draußen vor ihrem Geschäft anbieten durfte. Ähnliche „Blüten" trieb das Corona-Virus bei den Beschränkungen für Senioren, für die aufgrund des Besuchsverbots monatelange Einsamkeit angesagt war. Dasselbe galt für Menschen mit Behinderung, worüber allerdings kaum jemand sprach. Weder im Fernsehen noch in der Presse tauchten sie und ihre Belange auf. Offenbar hatte man sie einfach vergessen.

Wen interessieren schon *Menschen mit Behinderung*?! Sorry, aber ich bin nicht die einzige, die genau *diesen* Satz gedacht hat. Bei Facebook gibt es mehrere Foren, auf denen sich Eltern von Kindern mit Behinderung austauschen, auch über diese Wahrnehmung.

Genau wie die Alten sperrte *man* unsere Kinder weg. Liest sich drastisch. Und das war es auch!

Warum eine solche Entscheidung?

Weil das Gesundheitsministerium es trotz ausdrücklicher Hinweise nach der SARS-Pandemie 2015 und trotz ausdrücklicher Empfehlung namhafter Virologen verpennt hatte, einen Vorrat an Schutzanzügen und Atemschutz-Masken anzulegen. So sah es zu Beginn der Pandemie in Deutschland aus.

Und wer ist eigentlich *man*? Konkret: Was sind das für Menschen, die anordnen dürfen, dass andere Menschen isoliert werden?

Die Corona-Pandemie wurde und wird analysiert, kommentiert und mit Gesetzen bekämpft von Intellektuellen, Journalisten, Forschern, Dozenten, Medizinern und Politikern – also von Menschen (übrigens weitestgehend Männern), deren Leben von hoher ökonomischer Sicherheit geprägt ist und die viele existenzielle Fragen nur aus der Theorie kennen – lapidar ausgedrückt: vom Hörensagen.

So stellte es sich mir als Mutter einer Frau mit Behinderung dar. Ich verzweifelte an der Tatsache, keine Verbindung zu den Gesetzgebern herstellen zu können, um Tina „zu retten“: aus ihrem Unverständnis darüber, warum wir sie nicht mehr besuchten; aus ihrer Isolation; aus ihrer Einsamkeit. Eine solche Ohnmacht zu empfinden, war für mich neu. Ein befremdliches Gefühl des Ausgeliefertseins.

Wie aus dem Elfenbeinturm heraus bestimmten Politiker über Menschen wie Tina, denen sie per Gesetz unhaltbare Lebensbedingungen zumuteten. Die daraus erwachsenden Sorgen bekamen sie selber kaum zu spüren. Mich hat diese Erkenntnis wütend gemacht. Wütend, weil ich diese verdammte Ohnmacht gespürt habe, gegen so viel Ignoranz keine Chance zu haben.

Die Werkstätten wurden geschlossen. Nun saßen Leute wie Tina im Wohnheim fest, das vor allem in der ersten Zeit zu wenig Personal hatte. Denn beim Zuordnen der Betreuer ging man natürlich davon aus, dass die Bewohner tagsüber am Arbeitsplatz sind. Im Betreuungsbudget ist kein Geld für zusätzliche acht Stunden vorgesehen. Pech für die unterversorgten Bewohner und vor allem ihre diensthabenden Betreuer, die sich nun doppelt sputen mussten. Hinzu kamen neue Aufgaben: Bei allen Bewohnern musste etwa mehrmals täglich Temperatur gemessen werden.

Tina und ihre „Wohnheimfamilie“ verdösten die Tage im Gemeinschaftsraum vor dem Fernseher, denn niemand durfte nach draußen, außer in den Garten. Doch dafür war es zu Beginn der Pandemie noch zu kühl. Kein Betreuer war für einen Spaziergang abkömmlich. Und der hätte auch nur zu zweit funktioniert: es durften ja jeweils nur zwei Personen vor die Tür.

Die missliche Situation änderte sich etwas, als Personal aus Einrichtungen wie den geschlossenen Werkstätten in die Wohnheime wechselte. Laut unserer Regionalleiterin war die Heimatmosphäre urlaubsmäßig, so entschleunigt, wie sich die Tagesabläufe gestalteten. Sie unternahm alles, damit Bewohner und Mitarbeiter das Beste aus der besch...eidenen Situation machen konnten.

Ich konstatierte: Wohnheime, in denen Menschen mit Behinderung leben, spielen in der Wahrnehmung der Entscheidungsträger offenbar keine Rolle. Davon haben Politiker, wenn überhaupt, schon einmal gehört. Mehr nicht! Anders kann ich mir die getroffenen Maßnahmen nicht erklären.

Immerhin durfte man anfangs eine Stunde lang sein erwachsenes Kind besuchen. Warum, das entzog sich meinem Verständnis. Auch dass ein Ausflug nicht länger dauern durfte als besagte 60 Minuten, war für mich nicht nachvollziehbar. Hatte das Virus immer genau diese eine Stunde frei? Oder lag es vielleicht daran, dass man nur im Stundentakt infizierbar war? Es soll sie ja geben, diese medizinischen Gegebenheiten, die der Laie nicht kapiert. Und ich bin Laie!

Glücklicherweise entschied die Dame vom LVR nach meiner Eingabe, dass ich mit Tina länger ausfliegen durfte. Immerhin lege ich einschließlich der Fahrt zu einem spaziergangfähigen Terrain jedes Mal 200 Kilometer zurück, um mit meiner besonderen Tochter losziehen zu können.

Verboten wurde das Reiten, obwohl die Reittherapeutin auch vor dem virologischen Einfall in die Region stets umsichtig, gesund und völlig alleine mit Tina losgezogen ist. Erst später fiel es mir wie Schuppen von den Augen: Das Pferd Willy war die *persona non grata*, die unerwünschte dritte Person. Wer weiß schließlich, ob so ein Pferd nicht auch mit dem Gedanken spielt, mit dem Corona-Virus aufzutrumpfen? Bedenkt man, dass es ja auch für Willy keinen Mundschutz – Verzeihung – Maulschutz gibt, macht so ein Reitverbot mit einem Mal Sinn. Immerhin hatte sich nachweislich ein weißer Tiger aus New York infiziert. Warum nicht auch Willy aus Stotzheim? Man ist ja manchmal blind für Naheliegendes.

Das „Wegsperren" der Wohnheiminsassen hat mir schlaflose Nächte bereitet. Ich fand es schrecklich. Mit ein paar Atemschutzmasken wäre es in dieser Ausschließlichkeit nicht nötig gewesen, weil zumindest einige der Bewohner eingesehen hätten, wozu diese Dinger nützen. Tina hätte wohl keine solche Maske akzeptiert. Aber als einzige ohne diesen Schutz wäre sie bei einem kleinen Ausflug nicht gefährdet gewesen. So dachte ich in meinem Kummer.

Die *Tagesschau* brachte schlimme Fakten in mein Wohnzimmer. Von zahlreichen infizierten Bewohnern von Altenheimen war die Rede. Nicht nur in einer Seniorenresidenz verstarb nahezu die halbe Belegschaft an den Folgen des Virus. Das hatten Betreuer eingeschleppt, denn Besuche Angehöriger oder von Freunden waren ja verboten. Insofern kann ich den Sinn des Lockdowns in den Wohn- und Pflegeeinrichtungen nicht erkennen: Auch in gut geführten Heimen bei strengen Vorkehrungen richtet das Virus großes Unheil an; eingeschleppt von Mitarbeitern.

Auch in Tinas Wohnheim leben Menschen mit Vorerkrankungen; nebenan leben Oldies, von denen einige den Ausbruch einer solchen Viruserkrankung kaum überleben würden. Die Betreuer taten alles, damit niemand das Virus unwissentlich einschleppt.

Am Telefon erfuhr ich, dass Tina zwar keine besonders gute Laune ausstrahlte, aber auch nicht jammerte. Immerhin war ich beruhigt, dass es ihr gesundheitlich gut ging. Bei dem wie zum Hohn wunderschönen frühsommerlichen Wetter durften die Bewohner mit ihren Betreuern zumindest in dem großen, ruhig gelegenen Garten Platz nehmen und ein wenig Sonne tanken.

Doch die Belegschaft wurde nicht auf das Virus getestet. Warum durften sie dann zu den Bewohnern, ich aber nicht zu Tina (wo ich doch ein fast eremitenhaftes Leben in Haus und Garten lebte und den für die Umsetzung des Dekrets Verantwortlichen versicherte, dass ich niemals auf die Idee käme, Tina zu besuchen, wenn sich auch nur ein Hauch von Husten bei mir bemerkbar machen würde)?

Und warum wurden die Mitarbeiter nicht getestet, weder in Wohnheimen noch in Senioreneinrichtungen? Eine Mitarbeiterin einer anderen Einrichtung hat es mir unter dem Siegel der Verschwiegenheit erklärt. „Stellen Sie sich mal vor, jemand von uns wird positiv auf Covid-19 getestet, dann müssen alle anderen für 14 Tage in Quarantäne. Wer erledigt denn dann die Arbeit? Wer versorgt die Heimbewohner?“ Stimmt! Auf die Idee muss man allerdings erst einmal kommen.

Die Erfahrungen mit dem Lockdown vom März 2020 waren so schlimm, dass man es kaum in Worte fassen kann. Auf der einen

Seite so viel Ignoranz, Unlogik, Absurdes, fehlende Empathie und null Zivilcourage. Auf der anderen Seite so viel Sehnsucht, Kummer und Hilflosigkeit. Das machte mürbe.

Einmal noch, bevor die Heime völlig dicht gemacht wurden, habe ich Tina zu einem Spaziergang abgeholt. Bei meinem Eintreffen – eigentlich durfte ich bereits zu diesem Zeitpunkt die Innenräume nicht mehr betreten, aber ein Betreuer bat mich herein – saßen oder lagen die Bewohner im Gemeinschaftsraum, der Fernseher lief, die Hälfte der Anwesenden schlief. Und das um drei Uhr nachmittags.

Kurze Zeit später war endgültig Schluss mit Besuch. Dabei werden Leute wie Tina, die „stationär" in einem Wohnheim leben, unter dem Begriff „Kunde" geführt. Seit wann darf man Kunden wegsperren? Seit die Persönlichkeitsrechte außer Kraft gesetzt wurden. Das Infektionsschutzgesetz gibt der Gesetzgebung das volle Recht dazu.

Nun durfte ich also gar nicht mehr zu Tina. Die Spaziergänge fielen weg, und mir brach es das Herz. Wie gerne hätte ich ihr eine kleine Abwechslung gegönnt, einen Ausflug mit Picknick auf der Decke, einen Gang um den nahe gelegenen Stausee! Die Vorstellung, dass sie auf uns wartete; dass sie mit meinem Foto in der Hand zu einem Betreuer ging und es ihm unter die Nase hielt (als Frage, ob einer von uns heute bei ihr auftauchte), trieb mir die Tränen in die Augen. Die Vorstellung, dass sie absolut nicht verstand, warum Mama und Papa sich partout nicht mehr sehen ließen, bereitete mir schlaflose Nächte. Und – ja – ich habe oft geweint. Ganz für mich alleine.

Zunächst aber ergriff mich ein merkwürdiges Gefühl von Lähmung. Es fühlte sich an, als würde mein Tatendrang langsam gefrostet. Damit war ich nicht die einzige. Im Internet kursierten wegen der verordneten Entschleunigung witzige Wesensveränderungen wie *Nichtsputz* und *Staubsaugenichts* … Vor lauter Ruhe wurde man behäbig, wenn man nicht gerade Toilettenpapier, Mehl und Hefe bunkerte.

War ich in Anbetracht der gefährlichen Ausbreitung des Virus den Maßnahmen gegenüber uneinsichtig? Machte mich die Sehnsucht nach meiner Tochter unvorsichtig und vor allem: ungehalten?

Ja und nein. Uneinsichtig war ich, weil meine längst bestellten Atemschutzmasken eingetrudelt waren und ich zumindest andere nun ordnungsgemäß schützen konnte. Ich wusch mir die Hände und desinfizierte sie. Unvorsichtig wäre ich also nicht geworden. Aber ich wurde ungehalten und – das ist wirklich selten – ich wurde wütend.

Vielen ist es ähnlich ergangen, die ihre alten Eltern und ihre erwachsenen Kinder mit Behinderung nun nicht mehr besuchen durften. Alternativ hätte man seine Angehörigen bis zum Ende der Krise nach Hause holen können. Wir haben uns das überlegt. Aber weil Tina gerne und oft die Nacht zum Tage macht und nicht abzuschätzen war, wie lange das Kontaktverbot gelten würde, wäre das keine Lösung gewesen. Wochenlang, unter Umständen monatelang wenig bis fast gar nicht zu schlafen, traute ich mir nicht zu. Dies entpuppte sich als weise Voraussicht, denn das Besuchsverbot zog sich schließlich über Tage, Wochen und Monate.

In Woche sechs des Lockdown wurde ich zunehmend ungehalten. In Woche acht überkam mich blanker Zorn. Ich musste aktiv werden, um nicht zu platzen. Also setzte ich mich vor meinen Laptop, studierte nach vielen Jahren noch einmal das Grundgesetz, dann das Infektionsschutzgesetz von 2001 und las mir diverse Auslegungen durch. Außerdem rief ich zahlreiche Links namhafter Virologen auf. Dann begann ich zu schreiben und zu telefonieren: mit der Heimleitung, der Leitung des LVR, mit dem

Gesundheitsamt, der Heimaufsicht, dem nordrhein-westfälischen Gesundheitsminister und schließlich dem Ministerpräsidenten. Und zwar genau in dieser Reihenfolge – weil jeder, den ich kontaktierte, mich an den nächst Ranghöheren verwies.

Ich schilderte jeweils Tinas Situation, referierte auch virologische Untersuchungsergebisse, die gegen einen solch extremen Lockdown sprachen. „Ihnen sind die Aussagen von Prof. Streeck selbstredend bekannt“, schrieb ich. „Wirksamer Schutz bleibt: Atemschutzmaske, Händewaschen usw. Wäre es unter diesen Aspekten nicht doch möglich, seinen Verwandten zumindest zu einem Spaziergang abzuholen? Man würde das Wohn- oder Pflegeheim nicht betreten, könnte seinen Angehörigen also vor der Eingangstür im Freien abholen.“

Ich schilderte, dass man mit Tina weder telefonieren noch skypen könne. Und dass die Betreuer doch genau wie ich mit anderen Menschen ihrer Umgebung Kontakt hätten, sie aber (anders als ich) zu meiner Tochter dürften! Wäre unter den genannten Aspekten eine Änderung des Besuchsverbots denkbar?, fragte ich.

Bei der Regionalleiterin der Wohnheime rannte ich von meinem Wunsch her zwar offene Türen ein. Mit dem gesamten Team sorgte sie dafür, dass es den Bewohnern im Rahmen der Möglichkeiten gut ging. So ordnete sie umgehend an, dass mit Tina ab sofort ein täglicher Spaziergang gemacht werden solle. Aber nicht mit mir, aufgrund der gesetzlichen Vorgaben.

Verzweifelt lag ich im Bett und grübelte darüber, wie unsere kleine Welt wieder in Ordnung kommen könnte. Ich war wütend, traurig, verständnislos, und diese ohnmächtige Grübelei setzte sich zunehmend auch tagsüber durch.

Am 10. Mai – pünktlich zum Muttertag – schenkte Vater Staat dem mittlerweile etwas ungehaltenen Volk ein paar Lockerungen für die Besuchsregeln. Man durfte die Einrichtungen in eigens ausgewiesenen Räumen besuchen. Neben Desinfektion der Hände, Mundschutz und teilweise Schutzkitteln stand die Abstandsregelung im Fokus. Und hier lag der Hase im Pfeffer begraben; daran sollte mein Treffen mit Tina scheitern. Abstand halten zu Papi und Mami? Einen Meter 50? Wozu das ganze? Wir umarmen uns doch immer, wenn wir uns sehen!

Inzwischen lagen mehr als zwei Monate Lockdown hinter uns. Unbedingt wollte ich Tina endlich einmal wieder sehen, am liebsten in die Arme schließen. Eine Mitarbeiterin aus dem Wohnheim berichtete am Telefon, dass Tina mein Foto inzwischen öfter an die Tagesplanung gehängt habe.

Doch gleichgültig, wo ich anfragte, ob nicht *trotz* der nicht einzuhaltenden Abstandsregelung ein Treffen mit Tina möglich wäre – ich wurde weitergeleitet: von den Betreuern an die Heimleitung, von dieser an die Regionalleitung, weiter an die Heimaufsicht, von dort ans Gesundheitsamt, von hier zur Stadtverwaltung.

Der Leiter der Heimaufsicht sprach aus, was jeder im Grunde weiß: *die Institutionen hängen am Tropf der Gesetzgebung.* Da konnte ich noch so schwerwiegende Argumente auffahren – an der Verordnung musste festegehalten werden. Auf meine Eingaben hin wurde immer wieder betont: Man sehe ja ein, wie schrecklich der Lockdown für die Beteiligten sei, aber man dürfe sich nun mal nicht darüber hinwegsetzen. Gesetz sei Gesetz – und da würde man seinen Job riskieren, auch wenn man im Sinne von Vernunft und Menschlichkeit entscheide.

So mancher Verantwortliche hatte also Angst.

Ganz nebenbei musste ich feststellen, dass die Bittsteller-Mentalität niemals wirklich verschwindet. Jedenfalls nicht bei mir. Sie hat sich mit Tinas Geburt in mein Leben geschlichen. Wie von selber entwickelt sie sich nämlich, wenn man ein Kind mit Behinderung hat. Gegenüber Ärzten – *bitte nehmen Sie mein Kind in Ihre Patientendatei* –; bei Dienstleistern – *bitte schneiden Sie meinem Kind die Haare* –; bei Institutionen wie dem Familiengericht – *nein, mein Kind betritt leider keine fremden Gebäude; der Familienrichter müsste also bitte zu uns kommen, um zu entscheiden, ob ich als Tinas Mutter auch ihre Betreuerin werden darf* – und so weiter und so fort.

Und nun kam Corona – und mein Bitten war wochenlang vergebens, denn Legislative und Exekutive standen gegen uns.

Als ich meine Kontaktpyramide rauf und runter abgearbeitet hatte, blieb noch das Gericht. Ich bemühte mich also um einen Anwalt, Fachgebiet: Verwaltungsrecht. Nach dem dritten vergeblichen Telefonat – die Herren waren alle über Monate ausgebucht – stieß ich kurz vor der endgültigen Verzweiflung auf einen ausführlichen Artikel im *Spiegel*.

Unter dem Titel: „Wir können Kinder doch nicht wegsperren, bis es einen Impfstoff gibt" ging es genau um mein Problem – und der Kläger hatte Recht bekommen. „Wegen des Coronavirus durfte eine Familie ihre schwerbehinderte Tochter über Wochen nicht besuchen. Die Eltern klagten dagegen. Ihr Fall zeigt, wie schwer Pandemieschutz und soziale Bedürfnisse in diesen Tagen vereinbar sind", heißt es im Vorspann.[17]

Die mehrfach schwerstbehinderte Vierjährige leidet unter Spastik und Epilepsie, ist erblindet und hat Schluckbeschwerden. Nur durch Berührungen können die Eltern ihre Kleine erreichen, denn Linda nimmt die Welt ausschließlich über körperlichen Kontakt wahr. Das bedeutet: Hand halten, kuscheln, füttern, Spaziergänge an der frischen Luft mit Linda im Rolli. Ihre Eltern sind genau wie ich nicht die einzigen, die ihr Kind gerne regelmäßig besuchen – und berühren möchten. Bei Menschen wie Linda kommt hinzu,

17 https://www.spiegel.de/panorama/gesellschaft/coronavirus-eltern-kaempfen-um-besuch-bei-kranker-tochter-a-74e37a3f-7952-4743-ae8d-340646a5c10c.

dass ihr Leben gestundet ist. Die Eltern möchten, dass sie es schön hat in der Zeit, die ihnen noch bleibt.

„Wir würden Linda niemals besuchen, wenn wir oder andere aus unserem näheren Umfeld Covid-19-Symptome zeigen würden".[18] Wie oft habe ich genau diesen Satz – *Linda* ersetzt durch *Tina* – gesagt, gemailt, gedacht!

Nach Bescheinigung ihres Hausarztes, dass sie frei von jeglichen Krankheitssymptomen seien, wurde den Eltern durch den Seiteneingang ihre Tochter gereicht.

Diesen Artikel fügte ich meinen nächsten Anfragen bei. Auch gab ich zu bedenken, dass meine Tochter oftmals erst Wochen nach problematischen Erfahrungen Verhaltensauffälligkeiten an den Tag legt. Dann verletzt sie sich zum Beispiel selbst, indem sie sich mit aller Kraft vor den Kopf schlägt – und das zu einem Zeitpunkt, an dem man schon gar nicht mehr an eine Begebenheit denkt, die für Tina unter *traumatisch* gebucht werden könnte. Und in ihren Augen war die Tatsache durchaus traumatisch, dass Papa und Mama nicht mehr auftauchten. Dazu kein Reiten mehr, kein Werkstattbesuch. Alles, was ihr lieb und teuer ist, wurde in einem Rutsch abgeschafft. Wie soll jemand wie Tina solche umfassenden und grundlegenden Veränderungen begreifen können?

Am Ende reichte die Regionalleiterin des LVR in Absprache mit einer verständnisvollen Dame vom Gesundheitsamt meinen Antrag auf eine Sondergenehmigung an entscheidender Stelle ein – und wir durften Tina zu einem Spaziergang abholen.

Mein Mann hatte Tina bereits seit einem Vierteljahr nicht mehr gesehen, weil die letzten beiden Besuche nur für eine Person gestattet waren, bevor die rigide Kontaktsperre endgültig umge-

---

18 Ebd.

setzt wurde. Entsprechend aufgeregt und mit Maske, Einmalhandschuhen und Desinfektionsspray bewaffnet, fuhren wir die 80 Kilometer zum Wohnheim.

Für ein kleines Picknick hatte ich vorgesorgt: Daran war Tina ja von unseren Ausflügen gewöhnt, und wir wollten sie nicht enttäuschen. Für Tina hatte ich einen kleinen eingeschweißten Kuchen und ein unter normalen Bedingungen aus ökologischen Gründen geschmähtes Trinktütchen mit eigens eingeschweißtem Trinkhalm dabei – für uns und die Betreuerin, ohne die wir mit Tina nicht losdurften, eine Thermoskanne mit Tee, dazu Selbstgebackenes.

Und dann stand unsere Tina, als wir mit dem Auto vorfuhren, bereits vor der Eingangstür des Wohnheims. Weil kein Friseur das Haus betreten durfte, sah unsere Tochter entsprechend aus: Der Pony hing ihr bis zur Nase, so dass die Augen verdeckt waren; von Frisur keine Spur. Aber das war im Moment unwichtig. Tina staunte, als sie uns entdeckte, lachte und kam auf uns zu. Ja – ich habe sie umarmt; rücklings, von vorne hätte ich mich nicht getraut. Die wirklich netten Betreuer lächelten lieb. Sie spürten, wie wichtig uns dieses Wiedersehen war. Und wie nah es uns ging.

Nun musste eine Betreuerin Tina fahren – sie durfte wegen der Abstandsregelung nicht in unser Auto einsteigen. Dabei fahren wir einen ziemlich großen Wagen – okay, eins fuffzig sind es nicht zwischen Vorder- und Rücksitzen. Wie gesagt: Die Betreuer waren allesamt nicht auf Corona getestet – aber Tina unterlag den Bestimmungen –, tja, welchen jetzt eigentlich genau? Ich hatte eine Sondergenehmigung erhalten, meine Tochter *trotz* Nichteinhaltbarkeit der Abstandsregelung zu besuchen. Okay! Die galt dann offenbar nur für draußen und nicht fürs Auto. Egal! Gleich würden wir mit Tina loslaufen. Da nimmt man den Blödsinn mit den zwei Autos in Kauf.

Zusammen mit der Betreuerin umkreisten wir die Talsperre, picknickten an einem großen Tisch – Tina neben der Betreuerin, die ihr die Nase putzte und das Trinktütchen reichte. Aber wir waren mit unserer Tochter zusammen, unterhielten uns mit der supernetten Betreuerin, die ja auch nur ihre Pflicht als „Abstandsdame" erfüllte. Auch absurdes Theater kann glücklich machen.

Die nächsten beiden Besuche verliefen ähnlich. Erst beim vierten Mal – also wiederum Wochen später – durften wir Tina im eigenen Auto zu einem Ausflug mitnehmen. Weitblickend hatte ich meine professionelle Friseurschere eingepackt und im Wald einen unprofessionellen Haarschnitt der Marke *Mutter-gibt-alles* zuwege gebracht. Tina war sehr geduldig, und so konnte ich mich einigermaßen an eine Art Frisur heranschnibbeln. Immerhin waren nun die Augen frei und die Haare stufig luftig und fast auf gleicher Höhe, wenn man die beiden Seiten verglich. Die Zeit reichte sogar noch für einen kurzen Spaziergang samt Picknick.

Wir strahlten mit Tina und der lieben Betreuerin um die Wette!

Noch ein kleiner Exkurs zur Frage der *Systemrelevanz*:

Für die Umsetzung der UN-Behindertenrechtskonvention stand jahrelang wenig bis kein Geld zur Verfügung. Der Bund gab an, dass nicht genug Geld für ein Großprojekt wie die *Inklusion* vorhanden sei.

Doch dann kam Corona.

In Anbetracht der wirtschaftlichen Krise als Folge der Pandemie überschlugen sich die zuständigen Minister mit Geldversprechen. Mit einem Mal standen wie aus dem Nichts Milliarden zur Verfügung wie nach der letzten Banken- und Finanzkrise. Darüber hinaus wurde ein riesiger Haufen Schulden gemacht, um *unser System* zu schützen und zu stabilisieren.

Wie viele Nullen hat eigentlich eine Billion? Egal! Jedenfalls zauberte der Finanzminister eine davon und noch ein paar Milliarden aus dem Hut. Da kann sich einem schon die Frage aufdrängen, was so alles zu dem schützenswerten System dazugehört. Und was offenbar nicht. Trotz Gesetz …

KAPITEL 25

TINA – WIR ERZÄHLEN UNS JETZT MAL WAS!

Ich habe oft geträumt, dass Tina mit mir spricht. Ganz normal, so, als hätte sie niemals etwas anderes getan. Sie erzählt richtig drauf los und schaut mich dabei an. Wenn ich aufwache und der Traum noch gegenwärtig ist, kämpfe ich gegen die Tränen. Ehrlich gesagt, muss ich auch jetzt schlucken, während ich diese Zeilen schreibe. Und ich habe es mir tatsächlich bis kurz vor Schluss aufgehoben, während ich meine Romane und Geschichten immer vom Ende her aufziehe. Der Schluss muss klar sein, denn darauf läuft schließlich alles hinaus.

Meine Fantasie diktiert, worüber ich mich mit Tina – vielleicht in einer anderen Welt – unterhalten möchte und wie ich mir dieses Gespräch vorstelle:

Was habe ich richtig gemacht mit dir?
Was war für dich besonders schön?
Kann man sich echt daran gewöhnen, ganz ohne Sprache zu sein, obwohl man alles hört?

Ist es für dich normal, nur sehr eingeschränkt kommunizieren zu können, oder hat dich das massiv gestört?
Wärst du gerne Reitlehrerin geworden? Oder lieber Tierärztin?
Fehlen dir deine beiden Schwestern, seit du ins Wohnheim gezogen bist und die beiden nicht allzu oft zu dir kommen?
Was hätte für dich anders laufen müssen?

Am Ende würden wir beiden uns in den Armen liegen, uns gegenseitig auf die Schulter klopfen und sagen, dass wir halt das Beste draus gemacht haben.

Wenn Tina eine Stunde sprechen könnte – nur eine einzige Stunde!

Tina, du hast sicherlich mitbekommen, was Inklusion bedeutet und warum Menschen sich für Inklusion einsetzen. Wie findest du das?

Tina: *Ist mir wurscht. Hauptsache, die Leute in meiner Nähe sind lieb.*

Wärst du gerne in eine Schule für alle gegangen?

Tina: *Nein. Zu viele Menschen. Zu laut für mich. Die Normalen sind ziemlich anders als ich. Warum kommen sie nicht in meine Schule? Sie haben es leichter mit dem Anpassen.*

Bist du gerne ins Wohnheim gezogen?

Tina: *Nein – anfangs war es schrecklich. Im Internat war es so schön. Da wäre ich gerne geblieben.*

Und jetzt?

Tina: *Ist okay. Ich hab mich ja dran gewöhnt. Aber ich wäre gerne öfter zu Hause oder mit dir und Papa auf dem Campingplatz.*

Den magst du?

Tina: *Total gerne. Am liebsten kuschel ich mit dir im Wohnwagen. Er ist so schön klein und eng.*

Eines Tages wirst du ohne mich auskommen müssen. Schaffst du das?

Tina: *Das wird komisch, wenn du nicht mehr kommst. Das war es schon wegen dem Virus. Aber für immer???*

Vielleicht treffen wir uns woanders wieder. Was meinst du?

Tina: *Machen wir.*

KAPITEL 26

SCHATTENKINDER

Wie in den bisherigen zwei Büchern über meine besondere Tochter gehört auch diesmal eins der letzten Kapitel den anderen beiden: der großen und der kleinen-großen Schwester. Den Schattenkindern, die im Schatten der Schwester mit Behinderung aufgewachsen sind.

Ich finde sie wunderschön. Und ja: Sie sind erfolgreich, sozial, verantwortungsvoll und hatten Spitzen-Noten, in der Schule und auf der Uni einschließlich aller Abschlussnoten.

Sie haben „funktioniert". Das tun sie immer noch. Sie sind erfolgreich im Beruf, haben liebenswerte Partner und reizende Kinder. Und doch werde ich den Gedanken nicht los, irgendetwas falsch gemacht zu haben in dem, was man landläufig unter Erziehung bucht.

Die eine stemmt Männer mit anderthalbfachem Gewicht – *Mami, das ist alles nur Hebelwirkung und reine Physik* –, wirft mit brennenden Fackeln um sich und rast mit einem Einrad durch die Gegend. Es handelt sich um Akrobatik und Jonglage, wie Sie, liebe Leserinnen und Leser, unschwer gemerkt haben. Unsere Älteste ging seit ihrem zehnten Lebensjahr in einen Kinder- und Jugendzirkus. Toll, werden Sie sagen. Aber in Anbetracht der halsbrecherischen Akrobatik und brennenden Fackeln habe ich so manches Mal lieber weggesehen. Inzwischen fährt sie mit einem Mountainbike über Stock und Stein und bevorzugt aus meiner Sicht als Laie Abkürzungen …

Und Tinas kleine-große Schwester, die zwei Jahre jünger ist als Tina? Sie geht die Wände rauf – und zwar senkrecht. Okay – in einer Boulder- oder Kletterhalle mit dicken Bodenmatten ist das ein angesagter Sport. Aber mein Kind erklettert Felswände im Freien. *Ganz ungefährlich, Mami, ist ja durch Seil und Haken gesichert.* Ab und an erhasche ich ein Foto – kriege einen Schweißausbruch und schaue lieber weg.

Warum in aller Welt machen die beiden unabgesprochen solche extremen Sachen? Bin ich die überängstliche Mutter, die sich sorgt, dass noch eins ihrer Kinder behindert wird, diesmal durch einen Unfall?

Nach längerem Nachdenken komme ich auf folgende Lösung: Ich habe versucht, die beiden zu behüten. Und das vermutlich mehr als normal. Zwar habe ich ihnen nicht sämtliche Hindernisse aus dem Weg geräumt – das bestimmt nicht. Aber ich habe aufgepasst, dass ja nichts an sie rankommt. Gemerkt habe ich das nicht. Aber so muss es gewesen sein.

In meinem ganzen Freundes- und Bekanntenkreis wirft niemand mit brennenden Fackeln, hebelt andere in die Luft, ist ohne Helm auf normaler Straße mit dem Einrad zur Schule unterwegs, jagt ein Fahrrad halsbrecherisch durch die Pampa oder erklimmt Steilwände.

Da kann es schon mal passieren, dass einem folgende Gedanken kommen: Meine beiden wollen beweisen, dass *gefährlich* nicht bedeutet: „Wer sich in Gefahr begibt, kommt darin um.“ Dass sie auf sich selber aufpassen können. Dass sie selbst entscheiden, was ihnen Spaß macht und welche Herausforderung ihnen gut tut.

Dass sie sich (und unbeabsichtigt auch mir) beweisen, wozu sie außer tollen Abschlüssen auch noch in der Lage sind. Dass sie mich nicht brauchen. Schon gar nicht als Glucke oder Wachhund.

Ich gewöhne mich dran. Immer ein bisschen mehr. Und während ich das schreibe, bin ich ungeplant hochemotional.

Und mächtig stolz auf die zwei …

KURZ VOR SCHLUSS

Unser Tandem macht schlapp. Es hat ca 40 Jahre auf dem Buckel. Ein fabrikneues käme kostenmäßig an einen Kleinwagen heran. Okay – nimmt man halt 6 000 bis 7 000 Euro in die Hand und investiert mal so richtig. Aber so ein funkelnagelneues E-Tandem wäre zu schwer und vor allem zu lang, um es auf einem entsprechenden Träger aufs Autodach zu hieven. Doch genau *das* ist Grundvoraussetzung, weil wir mit Tina nicht ausschließlich ums Wohnheim radeln möchten. Also muss ein anderes gebrauchtes Tandem her, ähnlich leicht und kurz wie das grüne, um es mit einem stärkeren Motor wie das alte zu einem E-Tandem nachrüsten zu lassen. Ich hoffe, wir werden fündig!

Ich finde, über den Bluttest – siehe Kapitel 18 – als gesetzlich verankerte Leistung der Krankenkassen muss weiter diskutiert werden. Deshalb schließe ich mit einer Geschichte darüber und über die Schwierigkeit bei der Suche nach Antworten.

Ein herzliches Dankeschön geht an David Neufeld, in dessen Verlag *Alles außer planmäßig* ein passgenaues Zuhause gefunden hat. Dank seiner intensiven Arbeit am Manuskript hat das Buch deutlich gewonnen und seinen letzten Schliff erhalten. Unsere Telefonate und Mails waren fruchtbar und spannend.

Auch bei Ihnen, liebe Leserinnen und Leser, möchte ich mich bedanken, dass Sie den zahlreichen Gedanken und Aspekten gefolgt sind, auch wenn es sich bei einigen Themen nicht um leicht verdauliche Kost handelt.

Schreiben wir uns bei Facebook? Sehen wir uns auf einer Lesung? Die Daten finden Sie auf meiner Website – oder Sie organisieren selbst eine Lesung.

Ich würde mich freuen!

Herzliche Grüße,
Doro May

www.doromay.de

WIE VERSPROCHEN: EINE GESCHICHTE ZUM SCHLUSS

ZOO-EXEMPLAR

So wie ich jetzt in diesem Moment geht man, wenn man etwas Verbotenes vorhat. Dabei steht kein Verbrechen auf meinem Plan. Ich will nur jemanden besuchen.

Je kürzer der Abstand zwischen mir und dem Wohnkomplex wird, wo die Familie lebt, bei der ich gleich klingeln werde, desto langsamer werden meine Schritte. Warum eigentlich soll ich mir das antun? Nur weil der Arzt das gesagt hat? *Gehen Sie hin. Machen Sie sich selbst ein Bild. Eine Woche können wir uns ruhig Zeit lassen.* Der hat gut reden. Er muss nicht aushalten, was ich gerade aushalte.

Da bin ich am Ziel und drücke auf die Klingel mit dem Namen Schmitz. Ausgerechnet dieser Allerweltsname für eine so besondere Familie. *Wer ist da?*, fragt eine tiefe Frauenstimme. *Katharina*, sage ich in mein Herzklopfen hinein. Der Türdrücker summt, ich trete ein und gehe das Treppenhaus hinauf, weil ich mit dem Aufzug zu rasch oben wäre. Wieso habe ich nur meinen Vornamen genannt? Das sind doch nicht alles kleine Kinder.

Da bin ich im dritten Stock, hebe den Kopf und erblicke fünf Menschen, alle kleiner als ich, alle mit runden Gesichtern und leicht schrägen Augen. Alle fünf. Ich fasse es nicht. Wieso dürfen solche überhaupt Kinder kriegen? Sie stehen aufgereiht im Flur und sehen mich an. Die Kinderaugen sind mit weißen Pünktchen auf der blauen Iris ausgestattet. Sieht total hübsch aus.

Sie kommen uns besuchen, sagt Herr Schmitz. Er lispelt. *Bin grad aus der Werkstatt zurück.* Er lächelt, als habe er mich erwartet. *Besuchen*, wiederholt ein Junge, vielleicht zehn Jahre alt. Kann sein, älter. Bei denen vertut man sich leicht mit dem Alter. Ein Mädchen trägt einen aufgerollten Judogürtel in der Hand. Spontan hält sie mir das Ende hin. Ich greife zu, und da grinst es mich breit an. *Um deinen Bauch wickeln*, sagt der große Bruder. Ich drehe mich und habe nach drei Wendungen das grün-orange Band um meine Taille. Jetzt zieht das Mädchen an dem Ende, das es die ganze Zeit über nicht losgelassen hat, und ich muss mich nun in die andere Richtung drehen, so dass sich der Judogürtel wieder abwickelt. Blitzschnell hat die Kleine ihn wieder zu einer festen Rolle aufgewickelt. *Tina spricht nicht*, sagt Frau Schmitz. *Spricht nie*, sagt die kleine Schwester.

Kommen Sie mit rein, sagt Frau Schmitz. Ihr Sohn nimmt meine Hand und zieht mich in die Wohnung. Die anderen folgen. *Unser Zimmer*, sagt der Junge, und da stehen wir auch schon drinnen. Drei Betten. Überall liegen Kuscheltiere, Judogürtel und Bälle herum. Neben einem Bett sind Pakete mit Hosenwindeln gestapelt. Daneben ein Mülleimer in XXL.

Wollen Sie was trinken?, fragt Herr Schmitz. *Wir haben Kuchen*, sagt der Junge. *Wie heißt du?*, frage ich ihn. *Goliath.* Er lacht. *Quatsch! Er heißt Bennie*, sagt Herr Schmitz. Bennie lacht sich schlapp. Dann sagt er: *Hab gelogen. Und wie heißt du? Katharina Ernst*, antworte ich. *Ha?*, macht Herr Schmitz. *Katharina oder Ernst?* Und nun lacht auch er. Die anderen lassen sich anstecken, und jetzt lacht die ganze Familie. Keine Ahnung, warum, aber ich lache auch.

Wir ziehen um in die Küche. Es dauert, bis der Tisch gedeckt, Kaffee gekocht, ein eingeschweißter Kuchen ausgepackt ist und alles auf dem Tisch steht. Die Familie nimmt Platz. Herr Schmitz sagt: *Ein Stuhl zu wenig.* Ich bleibe also stehen. Da zieht mich Bennie auf seinen Schoß, dass ich vor Schreck aufschreie. Das Gelächter ist nun noch lauter als vorhin. Ich befreie mich aus Bennies Umklammerung. Da steht die kleine Schwester auf und zeigt auf ihren Stuhl. Ich setze mich hin, und keine Sekunde später sitzt die Kleine auf meinem Schoß. Der Kaffee ist gut, der Kuchen geht so, das Kind auf meinem Schoß ist nicht allzu schwer.

Meine Gedanken fahren Achterbahn. *Nicht, dass Sie später das Gefühl haben, sie hätten sich etwas zuschulden kommen lassen*, hat der Humangenetiker gesagt. *Es gibt ja immer weniger von diesen Menschen. Sie müssen also damit rechnen, immer und überall aufzufallen.* Und der Gynäkologe hat gesagt: *Frau Ernst, das ist heutzutage doch gar kein Problem mehr. Zu Zeiten der Fruchtwasseruntersuchung hatten wir noch Spätabtreibungen. Das war wie eine kleine Geburt. Aber seit wir den Bluttest haben und schon in der neunten Woche Bescheid wissen, ist es doch dasselbe wie eine Fehlgeburt. Und Sie sind ja noch keine 40. Kein Grund, nicht noch einmal schwanger zu werden.* Aber ich weiß nicht, ob ich das Kind nicht vielleicht doch haben will. Da hat mir der Arzt den Tipp mit dieser Familie gegeben. *Da haben Sie das volle Programm*, hat er gesagt. *Die absolute Ausnahmefamilie.*

Irgendwann habe ich genug Kaffee und Kuchen, den Judogürtel gefühlt 100 mal um meine Taille gewickelt. Ich habe mehr gelacht als in den letzten Jahren zusammengenommen, kenne alle fünf Vornamen; habe versprechen müssen, bald wiederzukommen.

Jetzt gehe ich zurück zum Parkplatz. Ähnlich langsam wie vor ungefähr zwei Stunden auf dem Hinweg. Vor meinem inneren Auge hockt meine kleine Tochter mit am Kaffeetisch. Es würde ein Mädchen; vielleicht hätte es auch diese weißen Pünktchen auf der Iris. Meine Hand fährt in die Manteltasche und zerdrückt beinahe das Handy. Ich schüttele den Kopf, mein Mund wird zu einem scharfen Strich. Ich zücke mein Handy und lösche die Nummer des Gynäkologen.

MEHR VON DORO MAY UND IHRER TOCHTER TINA

Doro May, geboren in Essen, studierte Germanistik, Musik und Erziehungswissenschaften. Heute lebt sie als Autorin in Aachen. Tina ist die zweite von drei Töchtern.

Über Tina, die mit Down-Syndrom und einer Autismus-Spektrum-Störung auf die Welt kam, hat Doro May bereits zwei Bücher verfasst:

- *Meine besondere Tochter – Liebe zu einem Kind mit Behinderung.* Sankt Ulrich Verlag, Augsburg 2010 (nur noch antiquarisch erhältlich)
- *Das Leben ist schön, von einfach war nicht die Rede – Meine besondere Tochter ist erwachsen.* Neufeld Verlag in Kooperation mit der Bundesvereinigung Lebenshilfe, Schwarzenfeld/Marburg 2016

MEHR AUS DEM NEUFELD VERLAG

Rebecca Dernelle-Fischer, ***Und dann kam Pia – Du hast uns gerade noch gefehlt!*** ISBN 978-3-86256-077-6, 2017

Dagmar Eiken-Lüchau/Tanja Husmann, ***Mia – meine ganz besondere Freundin. Ein Bilderbuch zum Thema Autismus.*** ISBN 978-3-86256-079-0, 2. Auflage 2019

Doro May, ***Das Leben ist schön, von einfach war nicht die Rede – Meine besondere Tochter ist erwachsen.*** ISBN 978-3-86256-075-2, 2016

Nina Skauge, ***Die Tigerbande – in einfacher Sprache.***
Band 1–3 im Set: ISBN 978-3-86256-100-1, 2018
Band 4–6 im Set: ISBN 978-3-86256-104-9, 2019

Holm Schneider, ***„Was soll aus diesem Kind bloß werden?" 7 Lebensläufe von Menschen mit Down-Syndrom.*** ISBN 978-3-86256-047-9, 2. Auflage 2014

Alfred und Sylvia Sobel, ***Stärke fürs Leben entwickeln – So meistern Sie den Alltag mit einem behinderten Kind.*** ISBN 978-3-86256-096-7, 2018

Conny Wenk, ***Außergewöhnlich: Geschwisterliebe.*** ISBN 978-3-86256-080-6, 2017

Sabine Zinkernagel, ***Wer nur auf die Löcher starrt, verpasst den Käse – Aus dem Leben mit zwei besonderen Kindern.*** ISBN 978-3-86256-027-1, 2. Auflage 2013

Dieses Buch wurde **in Deutschland** hergestellt.

Das **Papier**, das dafür verwendet wurde, ist FSC®-zertifiziert. Als unabhängige, gemeinnützige, nichtstaatliche Organisation hat sich der *Forest Stewardship Council®* (FSC®) die Förderung des verantwortungsvollen und nachhaltigen Umgangs mit den Wäldern der Welt zum Ziel gesetzt.

Außerdem unterstützen wir das **Klimaschutzprojekt** *Plastic Bank: Geld gegen Plastik* – in Haiti, Indonesien und auf den Philippinen können Müllsammler ihr Einkommen auf diese Weise verdienen. Jeder kann dort Plastikmüll sammeln und in den lokalen Sammelstellen der *Plastic Bank* in Geld, Lebensmittel, Trinkwasser, Handy-Guthaben, Speiseöl oder sogar Schulgebühren eintauschen. Der eingetauschte Gegenwert ist höher als der tatsächliche Marktwert des Plastiks, so dass die Menschen vor Ort wirklich davon leben können.

Auf diese Weise gelangt weniger Plastik ins Meer. Es wird recycelt und zu sogenanntem *Social Plastic* verarbeitet, das im Kreislauf wieder zu neuen Produkten wird.

Aus diesem Grund ist dieses Buch auch nicht in Folie eingeschweißt; unser Versandpartner verwendet zudem Papier und nicht Plastik als Füllmaterial.

Stellen Sie sich eine Welt vor, in der jeder willkommen ist!

neufeld-verlag.de